山上の説教から憲法九条へ

平和構築のキリスト教倫理

宮田光雄［著］

新教出版社

目次

目　次

はじめに

七〇年の歳月をふり返る

二〇一六年は日本国憲法が公布されて、ちょうど七〇年目を迎えた年である。七〇年という歳月は、けっして短いものではない。この憲法の成立の前提となった大日本帝国の《終わりの始まり》を引き起こした日中戦争の泥沼化（徐州作戦）は、明治維新以来、まさに七〇年後のことだった（一九三八年）。この二つの七〇年間を考えると、私たちは驚きを禁じえないのではなかろうか。現在の憲法体制は、それほどの長きにわたって存続し――成立の由来をめぐるさまざまの論議や誹謗にもかかわらず――日本国民の日々の生活を支え、今日まで共に生きてきたのである。

明治以後の七〇年間、近代日本の歴史は、ほぼ一〇年ごとに大きな戦争を経験した。日清・日露の戦争、第一次世界大戦への参戦、さらに一五年にわたる中国侵略の戦争は、最後に世界を相手にするアジア・太平洋戦争にまで拡大された。戦争の規模とともに、戦勝によって獲得ないし占領した国土も、北に南に拡大していった。最後には、徹底的な敗戦と無条件降伏とによって丸裸にされ、明治当初の元のままの日本列島に立ち返った。

この間、私の小学校時代には、教室の壁に日本帝国の地図が貼られ、戦争を重ねる度に国威が発揚され国土が拡大してきたことを教え込まれた。しかし、当時、国民の多くが見逃していたのは、そうした国家的栄光の陰にかくれて、これらの戦争によって夥しい犠牲者を生んだこと、しかも、戦争を重ねる度に、その犠牲が文字どおり桁ちがいに大きくなっていったという冷厳な事実である。

たとえば戦死者数のみを取り上げた場合でも、日清戦争で一万七〇〇〇人の軍人が戦死している。日露戦争では、この数が一〇万人に増えた。アジア・太平洋戦争では、じつに二三〇万人に上る。とくに太平洋戦争では本土の地方都市まで無差別爆撃にさらされ、あるいは沖縄のように直接に地上戦闘の戦場にされたため、軍人以外の非戦闘員＝一般民衆の犠牲者は膨大な数に上る。控えめに見積もっても八〇万人以上の一般の民間人が亡くなったと言われている。この中には、広島・長崎に投下された原子爆弾によって一瞬のうちに生命を奪われた人びとも入っている。それ以後、原爆病で亡くなってきた犠牲者を算入すれば、その数限りない人びとの犠牲は筆舌に尽くしがたい。

しかし、犠牲となったのは、むろん、日本人だけではない。たとえば、この一五年間の戦争を通じて日本軍によって殺害された中国の――軍隊ではなく――一般民衆の数は、少なく見積もっても一〇〇〇万人を越えるといわれてきた。これに日本軍によって占領された東南アジア諸国の民衆を加えれば、犠牲者の総数は一八〇〇万人を越えるという推計も出されている。

このような数字を冒頭にあげたのは、日本国憲法の中に画期的な平和主義が規定されるにいたった歴史的背景を想起するためである。そこには、何よりもまず、日本政府が引き起こした侵略戦争の責任にたいする反省が込められていたはずである。さらに、日本国民自身も直接・間接に参加せざるをえなかったこれらの戦争への責任があり、また戦争によって引き起こされた苦難と犠牲がある。その中には世界史上はじめて経験した原爆による悲惨な犠牲も含まれている。

核兵器によって現代戦争の性格は一変してしまった。もう二度と戦争をしてはならないという思いが、戦後七〇年のあいだ国民の感覚の中で完全に消え失せることはなかった。こうした思いこそ、第九条の平和条項を存続させてきた《憲法の無意識》（柄谷行人）の根底にひそんでいたものにほかならない。

日本国憲法の前文では、このような「戦争の惨禍」を二度とくり返さないために、私たちは国民主権とデモクラシーの原理を宣言する、と誓っている。デモクラシーと平和主義とは切っても切れない結びつきにあるものと理解されている。そして、このような前文の精神を受けて、

第九条では、日本国民は、いっさいの「交戦権」と「陸海空軍、その他の戦力」をすべて放棄することを誓ったのである。

戦争をしたくなければ平和の準備をせよ

「剣をとって起つ者は、剣によって滅びる」というのは、聖書の伝えるイエスの言葉としてよく知られている。聖書がこのように教えたころ、地中海世界に《ローマの平和》をうち立てたのはローマ帝国だった。彼らのあいだで伝えられていた有名な古い諺は言う。「平和を欲するなら、戦争の備えをせよ」と。ローマの人びとは、この諺の通りに、巨大な軍事力を作りあげ、地中海にまたがる大帝国を建設した。しかし、この諺は、古代ローマ人にのみ限られてはいなかった。それ以後、多くの国々が、つねに大国として支配するヘゲモニーを握るため、あるいは自国を防衛するための軍事的知恵として受け継いできた教訓でもあった。

しかし、《核の傘》におおわれた現代の世界では、もういちど大戦が起こるようなら、それは人類共滅戦争であるほかないだろう。第二次大戦後ただちに始まった冷戦によって米ソに二極化された世界的対決は、一九八〇年代末にいたって、ようやく終結を迎えることができた。にもかかわらず、グローバリゼーションの条件の下で、今なお世界の各地には軍事的な衝突や紛争の絶えることがない。

なかでも、これまで東西対決の陰に覆われがちだった南北格差の問題が多くの人びとの目にも明らかになってきた。巨大な多国籍企業や投機的金融資本の激烈な動きとは対照的に、第三世界のみでなく、いまでは先進諸国自身の内部でも、劣悪な労働条件や大量失業による貧困と社会的崩壊、生活環境の破壊が進んでいる。そうした不公正な社会的・経済的状態こそ、とくにイスラム世界において、政治的・宗教的ファンダメンタリズムとも結びついた無差別テロが止まない最大の要因となっている（D・ゼンクハース）。

これにたいして《対テロ戦争》を呼号してきたアメリカに代表されるように、超大国による不毛な《力の論理》が依然としてまかり通ってきた。最近のアメリカ大統領選挙において人種的偏見や宗教的差別を公然と口にしたトランプ候補の登場は、これらの問題をいっそう困難にするだけで、けっして解決しえないことを予感させる。こうした二一世紀半ばの顕著な動向を直視すれば、「平和を欲するならば、戦争の備えをせよ」などということは、もはや妥当しなくなっていることが明らかである。

この古い諺に代えて、すでに半世紀以上も前に、冷戦が始まったばかりの頃、神学者カール・バルトが口にした預言者的な有名な言葉がある。「戦争を欲しないなら、平和の備えをせよ」と。これこそ、すでに両度の世界大戦を通して人類が学んだ基本的な政治的認識を踏まえたものであろう。すなわち、安定した民衆生活を保証する平和な国づくりをすることは、戦争を阻止する国際関係を生み出すことと分かちがたく結びついているということである。

「国家が自らの正常な課題に正しく従事していないところでは、……〔すなわち〕国家権力が国内の〔政治的〕諸要求に応えていないところでは、国家権力は、そのことによって生じた〔社会的〕不穏のはけ口を外に求め、それを戦争に見いだそうと考えるようになるであろう。人間ではなく利子を生む資本が対象となり、その資本の保持と増大とが政治的秩序の意味と目標になるところでは、いつの日か、人間を殺すこと・殺されることへと駆り立てる自動装置が、すでに動き始めているのだ」（バルト『教会教義学』第Ⅲ巻第4分冊）。

本書では、以下において、このバルトの示す基本的な《方向と線》にしたがい、まず《山上の説教》のメッセージから平和構築の倫理を学ぶことにしよう（第1章）。さらにその歴史的展開として、西欧キリスト教における《兵役拒否》の精神史（第2章）、近代日本のキリスト教史における《非戦論》の思想系譜を辿ってみよう（第3章）。最後の第4章では、日本国憲法第九条の戦争放棄の原則に即して、グローバルな平和創造のための《選択肢》として新しい防衛戦略の可能性についても具体的に構想してみることにしよう。

1　「右の頬を打たれたら左の頬をも向けよ」

《山上の説教》と平和構築の倫理

1　論争の中の《山上の説教》

山上の説教の解釈史は、激しい論争の歴史である。いずれの時代のキリスト者も、山上の説教が語ろうとするものは何かについて、新しく問い直すことを求められてきた。

とくに政治的な緊張に充ち、未来についての定かならぬ思いを抱かされる現代において、山上の説教の問いかけは、他のいずれの時代にもまさって、重要性をもっているのではなかろうか。たとえば、国際的には東西の対立がふたたび尖鋭化し、そこから世界的規模で平和にたいする脅威が生み出されている。国内的にも、われわれの生きる環境は、産業や技術のもたらしたすさまじい破壊によって脅かされている。

こうした状況に直面して、山上の説教、とくにイエスの愛敵の教えがキリスト教的社会倫理＝政治倫理のテーマとして、あらためてクローズアップされてきたのは偶然でない。

政治家の聖書釈義

たとえば、神学者ユルゲン・モルトマンは『服従と山上の説教』（一九八一年）の序言で、ユーモラスにこう記している。

「われわれが二年前に〔福音主義神学協会の〕会議のテーマを決めたときは、ドイツの《一九八一年》が《山上の説教の年》になるだろうとは知るよしもなかった。平和運動によって誘発され、ハンブルクの福音主義教会大会の場で公然となった結果、神学者や司教たちのみならず政党の指導部、さらには〔西ドイツ〕連邦大統領や連邦首相まで、教会の中やテレビを通じて、競って山上の説教の解釈を試みることになった。わが国では、これまで、このように一般的な公開の《聖書研究》が行なわれたことはなかった。……それは、山上の説教とその解釈が、けっして神学者たちだけのものでも、また教会だけのものでもないことを示している。山上の説教は《民》と《弟子たち》に向けられている。したがって、それは、教会だけでなく国民にも属している。この意味において、それは、宗教的であるのみならず政治的でもある」[1]。

とくに《山上の説教》を引照して具体的な結論が引き出されることになれば、それだけますます、《山上の説教》と政治との関わりという古くからのテーマが激しい論議を呼ぶことになった。一、二の例を紹介しよう。一九八一年秋にドイツ福音主義教会から出された平和覚書（『平和を維持し、促進し、革新する』）の一節には、愛敵の戒めが、キリスト者にたいして、「敵意の精神を克服し、あらゆる領域において――まさに政治においてもまた――敵意に代わって共同の生と協力関係との新しいかたちが生まれるための途を探求する」義務を課している、と記していた[2]。著名なテレビ・ジャーナリストのフランツ・アルトは、そのベストセラーとなった小冊子『平和は可能だ』（一九八三年）で、こう論じている。

「山上の説教の意図するもの、その精神を理解するために、われわれは神学者たることを要しない。……イエスは、神学者にたいしてのみでなく、民に向かって語りかけた。あらゆる生活領域におけるすべての人が、そこでは考えられているのである」。

しかも、山上の説教のテキストは、何らの釈義をまつまでもなく、「そこに書かれているままに、文字通りに！」受けとられるべきだ、という。この小冊子には「山上の説教の政策」という副題がつけられている。アルトは、そこから引き出される政治的路線を平和政策に直接的に翻訳すべきこと、翻訳できることを訴えているのである。(3) それは、西ヨーロッパの平和運動においてもつ《山上の説教》の問いかけのアクチュアリティを証言するものと言えるだろう。

現実政治家たちは、こうした声に素早く反応した。――山上の説教によってこの世を統治することはできない。それは、何ら政治的な行動の指針をもっておらず、政治にたずさわるキリスト者にとっても同様だ。山上の説教によって政治を行なうというのは、結果を顧みないナイーヴな《心情倫理》にほかならない……と。

当時の連邦首相ヘルムート・シュミットは、少なくともデモクラシーという、国民全体に責任を負う政治においては「万人にとって生ずる結果」こそが問題であり、けっして政治家個人の「モティーフの純粋さ」が重要なのではない、と語っていた。また同じ頃、大統領カール・カルステンスも、同じくこう論じていた。山上の説教は「われわれを深く感銘させる非暴力への警告」であり、自分の人格に加えられる暴力や不正を無抵抗のままに甘受しようとするキリスト者は、それを引き合いに出してもよい。しかし、「他者のために責任を負う者〔＝政治家〕が、これらの人びとを保護することなく、暴力に引き渡したままにしてよいかどうかは別問題である」(4) と。

こうした論争には、じつは教会史を通ずる神学的伝統が反映しているといってよい(5)。すでに山上の説教の解釈史において、そのラディカルな要求は修道士たちだけに妥当するものだ、としばしば主張されてきた。山上の説教は、《完徳》の理想を求めるエリート集団のための特別なモラルだというわけである。中世を通じて、《山上》に登りうるのは教会の絶頂である《美徳》の高みに立つ弟子たちだけであり、一般民衆ではない、と考えられた。そこでは、完全な生活を求める聖職者にとっては、それは、自発的な貧困、独身による貞潔、完全な服従という修道の誓願として義務的な規範にまで高められる。しかし、一般信徒にとっては、山上の説教に含まれる要求は、余分の功績をうるための《福音的勧告》として妥当する。こうして山上の説教は二重の階層倫理につくり変えられ、それがカトリック的見解そのものであると見なされるようになった。

ルターは、このような山上の説教のエリート主義的適用に反対した。山上の説教は、すべてのキリスト者に向けられた服従への要求である。しかし、同時に彼は、その適用にあたっては《私人》と《公人》という人格と責任の違いに応じて区別すべきことも説いた。キリスト者は、自己自身に関わる限りでは、山上の説教、とくに愛敵の教えに服従する。しかし、まだ完全には救われていないこの世においては、第三者にたいする愛の責任は、世俗の権力と法とをも肯定せざるをえないというのである。ルターの反対は、一方では修道院的モラルにたいして、他方では宗教改革左派のグループにおけるラディカルな律法主義的解釈にたいして、双方に向けられていた。

しかし、ドイツ・ルター主義が展開するにつれて、ここにも致命的な二元論――二重道徳の倫理が支配するにいたった。すなわち、徹底した信仰的行動を個々のキリスト者の私生活に限り、公共生活全体を権力政治の《固有法則》に委ねるという伝統である。すでに先述した文章につづいて、モルトマン自身、こう記している。

「『山上の説教によって国家を統治することはできない』とビスマルクは言った。それによって、彼は、明らかに、山上の説教がなければ政治はもっと単純なのに、とも考えていたのである。そのときには、政治は、良心による妨げなしに《現実政策》と《大国政策》となりうるであろう。それ以来、ドイツ国民は、山上の説教に反してなされたこのような政策のゆえに何らよい経験をすることがなかった。まったく正反対の経験をしてきたのである」。

聖書学者の解釈論争

しかし、こうした山上の説教をめぐる政治的論議は、当然、神学的論議にも火をつけざるをえない。当時、『エヴァンゲリッシェ・コメンターレ』誌（一九八一―八二年）上で交わされた二人の新約学者の例をみてみよう(6)。

マルティン・ヘンゲルは「移り変わる流行に合わせた」解釈に反対し、山上の説教のラディカリズムと慣習的道徳や政治とのあいだの矛盾を強調して言う。いっさいの拘束から解放された無条件の服従においてのみ山上の説教は生きられるのであり、それは、けっして人間の手になる政治のための指針ではありえない。こうして彼は、山上の説教のルター主義的な解釈史に即して、「律法によって罪が認識される」といい、「神の国のいっそうすぐれた義は、人間的な自己主張の意志の終わりであり、人間によってつくられる歴史の終わり、したがって、人間のあらゆる政治の終わりである」と断じた。

ヴォルフガング・シュラーゲはこれに反対する。山上の説教の勝手な使用は、イエスを「社会解放の父祖」とみる左派の人びとによってなされているだけでない。まさにイエスを「私的な敬虔と脱世間的な霊性の告知者」としてのみ仕立てようとする人びとによっても同様になされてきたのだ。したがって、「現状を正当化し、山上の説教の起爆力を弱めようとする」解釈史の中で、「教会的＝政治的秩序の攪乱者」として山上の説教のもつラディカリズムに固執すべきだ、と説く。

じっさい、山上の説教の語りかける「弟子たち」には、《若干の倫理的アルピニスト》（L・

ラガーツ）のみならず、すべてのキリスト者が含まれている。それだけではない。この説教に驚いた「群衆」（マタイ七・二八）も引き入れられることによって、山上の説教は、教会内的倫理であることを超え出る開放性をもっていると言うべきであろう。

シュラーゲの反論でとくに重要なのは、公生活と私生活、政治と宗教、社会と個人との密接な関わりということであろう。イエスの時代においてこそ、個人と社会全体とが結びついていたことを見誤ってはならない。イエスの弟子たることが何らかの生活領域で停止されることはありえなかった。こうしてシュラーゲは、山上の説教が政治や経済、文化と何ら関わりがないとする解釈を、その「最悪の誤用」だと断じて、イエス・キリストがわれわれのすべての生活領域に妥当するという《バルメン宣言》第二テーゼを引き合いに出してくる。(7)

しかし、イエスの精神を失うことなく、二〇〇〇年の歴史を越えて、山上の説教を現代に適用するということは、困難な課題であろう。この《翻訳》の過程で、さまざまの誤りがくり返され、また解釈上の対立が生まれざるをえなかった。じっさい、山上の説教の実践的適用というとき、文字通り、そのままのかたちでの具体化が求められているわけではない。それは、いつでもどこでも単純に適用しさえすればよい一義的な実践的ルールではない。山上の説教は、ここで、いま、われわれ自身に関わる問いかけとして、われわれ自身が全人格をもって応答することを要求している。そのように主体的に関わるときにのみ、山上の説教は、現代の変化した状況にふさわしく、事柄に即したかたちでとらえられ具体化されることができるであろう。[8]

たしかに、クルト・シャルフ（亓）教会監督のように、山上の説教をあらゆる生活を包括する「イエスの政治の施政綱領」と呼ぶのは、誤解を招きやすい表現ではある。[9] しかし、現代世界を覆う大量殺戮兵器の脅威のもとで、山上の説教に従って平和へのアンガジュマンを決意することを《政治的聖書主義》というようにレッテル貼りをして軽蔑するだけですますことができるだろうか。新約学者ゲルト・タイセンは鋭く指摘している。

「多くの者は、このような愛敵や非暴力、無所有のエートスを世界史上の《日曜規範》の中に算入している。しかし、これらは、われわれの社会関係がしだいに不安定になりつつあるときに、《平日》にとっても重い意味をもつようになるかもしれない。社会的な変革に迫られていると同時に、内外の平和が必要とされている今日の状況において、われわれは、おそらく、われわれが思っているより以上に、いっそうラディカルな行動の変革を求められている。これまで機能しえなかったものが機能しうるものとなり、これまで人類の倫理的な贅沢品の中に算入されてきたものが人類の生き延びるための可能性となる。――このことが、いつの日か明らかになるであろう」。[10]

しかし、山上の説教を政治の世界で実践することには、それが結果を顧みない《心情倫理》だという社会科学の側からの重大な異論がある。代表的なマックス・ウェーバーの所論をみてみよう[11]。

2　《山上の説教》と責任倫理

ウェーバーの問い

ウェーバーは、『職業としての政治』（一九一九年）の有名なくだりで、こう記している。

「われわれが銘記しなければならないのは、倫理的に方向づけられたすべての行為は、根本的に異なった二つの調停しがたく対立した準則の下に立ちうるということである。すなわち、《心情倫理的》に方向づけられている場合と《責任倫理的》に方向づけられている場合とがある。心情倫理は直ちに無責任を意味し、責任倫理は直ちに心情の欠如と同じだという意味ではない。もちろん、そんなことを言っているのではない。しかし、心情倫理の準則の下で行為する――宗教的にいえば『キリスト者は正しきを行ない、結果を神に委ねる』――か、それとも、責任倫理の準則に従って行為する、すなわち、自分の行為の

（予見しうる）結果にたいして責任を負うべきだとするか。それは、底知れぬほど深い対立である」。(12)

ウェーバーは、心情の純粋性を確信して結果責任を顧みない《心情倫理》のもっとも純粋なモデルを山上の説教に見いだし、この「福音の絶対的倫理」を真正なキリスト教倫理そのものとして一般化する。したがって、ウェーバーにとって、キリスト教と政治とは端的に結合不能のものと見なされる。

「福音の戒めは、無条件的で曖昧さを許さない。汝のもつものを――ことごとく、そのまま――あたえよ、である。〔それに対して〕政治家は言うであろう。福音の戒めは、それが万人によって行なわれうるところではない以上、社会的には無意味な要求である。だから課税、特別利得税、没収――要するに万人にたいする強制と秩序が必要なのだ、と。しかし、倫理的な戒めは、そんなことをまったく問題にしないし、それがこの戒めの本質である。すなわち、『汝のもう一つの頬も向けよ！』である。そもそも他人に殴る権利があるのかといったことを問うことなしに、無条件に頬を向けるのである。それは、聖人でもない限り屈辱の倫理である。戒めの意味するところはこうである。人は万事について、少なくとも意志の上では、聖人でなければならない。キリストのごとく、使徒のごとく、聖フランチェスコのごとく生きなければならない。そのときには、この倫理は意味あるものとなり、品位の表現となる。そうでないときには、逆である。なぜなら、無差別的な愛の倫理を貫いていけば『悪しき者にも力ずくで手向かうな』ということになるが、政治家には、これとは逆に、つぎの命題が妥当するからである。すなわち、悪しき者には力ずくで手向かえ、さもなければ汝は、悪が拡がることにたいして責任を負うことになるであろう」[13]。

しかし、山上の説教にあらわれるイエスの愛の倫理は、ウェーバー的な、あれかこれかを不可能にする。すなわち、イエスが命じたのは、自分自身の心情や敬虔を清く保ちなさいということよりも、むしろ、隣人に心を向ける愛へと人びとを解放することであった。それは、隣人に仕え、彼にとっていかなる結果が生ずるかを配慮する愛にほかならない。ちょうど「善いサマリア人」のたとえ（ルカ一〇・三〇―三六）で、傷ついた人が健康を回復するために必要とする二デナリを宿の主人に残すという結果への見通しにいたるまで含んでいたように。それは、明らかに責任倫理的に行動する可能性ではなかろうか。

すでに山上の説教そのものにおいても、たとえば「良い木と良い実」のたとえ（マタイ七・一五以下）に示されるように、人間の人格全体とその営む行為のわざとを、つねに一体のものとしてトータルに把握すべきことが示されている。山上の説教を貫くラディカルな心情倫理は、けっして結果責任を無視するものではない。じっさい、自己の行為の予見しうる結果を他人の責任に転嫁するようなことは、いかなるキリスト者も倫理的に正当化できないであろう。ウェーバーがここでもち出してくるのは、キリスト教倫理とはいささかの関わりもない《ひとりぎめの作りごと》（F・カレンベルク）とさえみられている。[14]

こうしたウェーバーの誤りは、どこから由来するのであろうか。たとえば、彼が第一次大戦の只中で眼前にしたのは、両陣営の双方が互いに相手を不倶戴天の敵として死闘する《神々の闘争》だった。ナショナルなイデオロギーから比較的自由だったウェーバーの友人エルンスト・トレルチすら、大戦の初期には、国民間の敵対関係の中で《国家的道徳》が愛敵の戒めよりも重大であると見なしていた。じっさい、当時のドイツの神学的リベラリズムでは、山上の説教の理想主義的な高さを認めてはいても、それを個人の《心情倫理》に限定してとらえる解釈が支配的だった。そこから生まれる《二王国説》においては、世俗的領域における《固有法則性》を自明とみるドイツ・ルター主義の結論は避けがたかった。こうした思考図式こそ、ウェーバーが《責任倫理》を《心情倫理》から峻別するにいたった背景といってよいのではなかろうか。[15]

周知のように、ウェーバー自身も、『職業としての政治』の末尾では、心情倫理と責任倫理とをけっして《絶対的な対立物》として眺めなかった。むしろ、二つの倫理は互いに《補完》し合う関係にあることが承認されているのである。

「結果にたいする責任をリアルに深く感じとり、責任倫理的に行動している成熟した(!)――年齢の老若は問わない――人間が、ある地点で、《私はこれ以外にはなしえない。私はここに立つ》と語るなら、それは測り知れない感動を与える。……これは、わたしたち一人びとりが内面的に死んでいない限り、いつかかならず立ちいたることの可能な状態である」(16)。

《私はここに立つ》というのは、いうまでもなく、ウォルムス帝国議会におけるルターの信仰告白を受けている。

山上の説教がいかに《責任倫理》と結びつくかということを、代表的な二つのテキスト、冒頭の《祝福》の教え(マタイ五・三―一〇)と、対立命題《アンチテーゼ》の中でも政治的にもっとも論議の多い《愛敵》の教え(マタイ五・四三―四八)について検討することにしよう。

《祝福》の教え

山上の説教は祝福の約束から始まる。[17]

「心の貧しい人々は、幸いである、天の国はその人たちのものである」（マタイ五・三）。

以下、九つの祝福の約束がつづく。この約束によって、逆説的にも苦難と欠乏の中にある人びと——貧しい者、飢え渇いている者、悲しむ者——が幸いであるといわれる。むろん、彼らのおかれた現状がよいものであるゆえに幸いだというのではない。まさにその全面的な困窮において、来たるべき神の国に心開かれるゆえに幸いなのである。祝福の教えは、来たるべき神の国が人びとを神の恵みの全き受け手とする、神の恵みの約束に貫かれている。それは、人間が神の国に入るための道徳的条件を語っているのではない。むしろ、神の国が到来せざるをえない、その全面的な困窮にある人間の状態を語っているといってよい。そこでは、貧しさから苦難にいたるまで、人間の全生活を包む祝福の教えの包括性について注目する必要がある。

祝福の教えは、第二の部分（マタイ五・七以下）で、行為する人間について語る。憐れみ深い人びと、平和を実現する人びと、義のために迫害される人びと、についてである。しかし、祝福の教えは、約束と要求とを結び合わせた逆説的な語り口をもつ。憐れみ深い者や平和を実現する者の行為は、神の国に入るための条件ではない。むしろ、それらの行為は、この世にあっては空しくされる恐れにさらされている。まさにそのゆえに、それらの行為の意味が明らかとなる神の国を不可欠としていると言うべきであろう。

到来する神の国は、この世と人間をその全体性において問題にすることを先にみた。そのことは、神の国がイエスの時代における政治宗教的環境の中で、おのずから一定の政治的性格を帯びざるをえないことを意味している。

祝福の教えで、イエスは、「平和を実現する人々」（マタイ五・九）を《神の子》と呼んだ。当時、《ローマの平和》を支える者として神の子と呼ばれたのはローマ皇帝ただ一人であった。イエスが、こうした高い使命をガリラヤの漁夫たちに認めたのは、まことに啓示的ともいうべき着想だった。それは、重武装によって守られた《ローマの平和》に代わって、暴力なき愛敵の精神において《神の平和》のしるしを打ち立てることにほかならなかった。

この連関で、イエスが「神の子と呼ばれるであろう」と語りかけたとき用いている原語にも注意を引かれる。すなわち、ギリシャ語では、通常、未成熟の《可愛い子ども》（＝テクナ）から区別される《成人した》子を意味する原語である《神の子》（＝フュイオイ・セウー）と呼びかけられているのだから。それは、平和を実現するキリスト者にたいして行動主体としての責任が問われていることを示唆しているであろう[18]。

そのほか、「柔和な人々」の祝福にも同じような政治的・社会的次元が含まれている。「柔和な人々」は、小さき者、低き者、力なき者である。しかし、彼らは、その力なきことを肯定し、権力におごって攻撃に打って出ることをせず、「柔和で謙遜で」（マタイ一一・二九）、非暴力によって平和をつくり出す道を歩む者である。それゆえに、彼らには「地を受け継ぐ」という約束があたえられている。

このようにみれば、山上の説教を心情や人格的内面性や私的な人間関係に限定して解釈することは許されないであろう。たしかに、マタイは、ルカと比較して、たとえばその貧しい者の祝福を変形し、「心の貧しい人々」について語っている。しかし、それは、あくまでも《聖書的現実主義》（G・アイヒホルツ）の言葉であり、けっして精神化・観念化の言葉ではない。むしろ、マタイは、貧しさという概念を経済的に限定することを防ぎ、《拡大と徹底化》（H・ファルケ）をはかったのだという解釈もある。なぜなら、社会的・階級的に疎外された人びとは、教育やその他、精神生活においても疎外された悪条件に立たされがちなのだから。(19)

いずれにせよ、イエスの教えにおける来たるべき神の国を、この世の現実から空間的に区別される《彼岸》の世界にのみ想定することはできないであろう。山上の説教における神の国の約束が空間的な二つの領域の分離に導くことがあってはならない。むしろ、神の国の約束は、われわれが時間と歴史についての通常の理解とは根本的に異なった経験の仕方、つまり、終末論的視点に立つべきことを促すものといわなければならない。祝福の教えは、自己自身の実存とこの世の現実とを来たるべき神の国からとらえよ、という断言的命令＝要求にほかならない。それは、この世を現状のままに受けとることを否定する。むしろ、現状に疑問を投げかけ、神がこの世にもたらすラディカルな変革に心を開くことを迫るものであろう。

じっさい、祝福の教えは、この世を、そのもっとも底辺にあって、貧しい者、苦しむ者にあってとらえ、それに大きな価値の転換を語りかける。イエスが貧しい者や苦しむ者に神の国を約束するとき、それは、所有と権力の上に築かれた既存社会の批判にほかならなかったから。むろん、神の国の超越性を語ることは、神学的にはあくまでも正しい。しかし、それは、人間の手によって自由に処理しえない神の主権性に関わるものであっても、けっしてこの世と関わらない神の国の超然性をいうのではない[20]。

ここから、神の国の将来性のもつ意味を考えなければならない。神の国の約束は、人間と世界の歴史が、神の手にのみ委ねられ、人間には予測されえない絶対的な未来に開かれていることを教えている。人間と世界の歴史は、これまで、さまざまの過去から由来する権力によって支配され、それにつなぎとめられてきた。しかし神の未来は、こうした抑圧的な経験からわれわれを解放するであろう。神の未来は、過去から規定されたわれわれの現状を、たんに先に向かって延長するものではけっしてない。それは、過去の支配的力がもはや反抗することを許されない、新しい現実の到来である。この神の未来の圧倒的優越性の宣言は、この世のいっさいの所与にたいしてキリスト者にあたえられた主権的自由の約束にほかならない。

それは、《現実》理解の根本的転換を迫るものであろう。神の国から射しこむ未来の光に照らし出されるとき、われわれは、この世の現実を、もはや固定され決定された既成の事実としてみることはできない。むしろ、《現実》を、神によって新しく示される《可能性》の中で開かれた過程と見るであろう。過去の時間的様式には必然性のカテゴリーが属するように、未来のそれには可能性のカテゴリーが妥当するからである。そして、この神の国の到来によって開かれる新しい現実の独特の弁証法に注目しなければならない。

よく知られているように、ブルームハルト父子、とくに子ブルームハルトは、その宣教の中心に神の国の到来をおいていた。彼によれば、「神の国が到来するとすれば、われわれキリスト者は進歩の人間でなければならない」。その意味するところは、そこでは、何であれ、もはや「われわれにはそれを変えることはできない」ということが許されないのであり、「そのように語る者は、神の国にはいない」のである。神の国の待望において生まれる新しい現実理解とは、ブルームハルトのいう《待ちつつ急ぎつつ》という信仰的実存の逆説性につながるものであろう。

祝福の教えは、われわれが神の国の到来を信頼と期待とに充ちて待望すべきことを求めている。神の国の未来は、われわれに到来するもの、ただ待望され受けとられるものであって、人間の手によってつくり出されるものではない。しかし、受けとられた神の国の約束は、人間に根本的な方向転換＝回心を迫り、憐れみ深い者、平和を実現する者として、この世を新しく形成する責任を問いかける。[21]

ここに責任倫理への通路が開かれる。これまで、国家理性に貫かれた国際関係、生産効率を追求する産業構造などは、動かしがたい《固有法則性》に支配される現実として受けとられてきた。しかし、まさにこうした固定された世界に向かって、山上の説教は、現実が動かしえない《既成事実》ではないこと、新しい可能性に開かれた未来をもつことを提示する。たとえば祝福の教えは、力なき者に地を継ぐ約束をあたえ、平和をつくり出す者を神の子と呼びつつ、暴力と対抗暴力のメカニズム、敵－味方の思考図式に根本的な疑問符を突きつける。それは、今日の国際政治の紛争状況において、きわめてアクチュアルな意味をもつ《高いレベルの責任倫理》（クリストフ・フライ）を可能にするのではなかろうか。[22]

この問題を、さらに山上の説教の《愛敵》の教えに即して、いっそう具体的に考えてみよう。

《愛敵》の教え

マタイによる福音書において、愛敵の教えは六つの反対命題《アンチテーゼ》の最後におかれている。[23] イエスは、これらの反対命題において、伝統と（旧約）聖書にたいして、「しかし、わたしは言っておく」という主権的な宣言を対置する。この《古い義》から《新しい義》へという対置の中に、厳しい尖鋭化があらわれている。

たとえば人を殺すことが、はじめて第五戒の違反を意味するのではない。すでに兄弟に向けられた悪口が「殺すな」という戒めを犯すという（マタイ五・二一―二二）。そこには、律法によって禁じられていた行為を、その内面的な基底にまでつきつめるラディカルな問いがある。第五戒にたいしてイエスのあたえた解釈は、伝統的なユダヤ教的理解を越えていた。そのラディカルな解釈は、質的に新しい倫理的地平を開くものではなかろうか。すなわち、イエスの問いかけは、たんに禁止規定の内容が律法主義的にいっそう徹底化されたということではない。むしろ、それは、われわれ自身の内面に向けられている。人間存在が、それ自身として矛盾にみちた、アンビヴァレントな存在であることにたいして深く鋭く問いかけてくる。

具体的にいえば、イエスの問いは、通常は殺人行為となって外にあらわれることのない、こころの奥底にある攻撃衝動に向けられている。イエスの言葉は、その当の人間が、まず、自己自身のうちに悪を認識することを促している。みずからの内なる悪を否認し、みずからの影を認めない者は、じっさい、それを他者に向かって投影し、それを他者に帰するであろう。

こうしてイエスの問いのラディカリズムは、神とのコンフリクトに陥る人間のモティーフを摘発する。それによって、われわれを人間性の限界まで追及し、内なるコンフリクトを越えた新しい信仰的洞察にまでいたらせる。反対命題における誇張した言い回しによって、イエスは、このわれわれ自身の内なるコンフリクトの尖鋭化を意図する。それによって来たるべき神の国の約束する新しい可能性に生きるように挑発する。それは、信仰への呼びかけであり、同時に服従への呼びかけでもある。

愛敵の教えは、六つの反対命題の最後におかれている。ここにいたって、山上の説教に示されるイエスの《挑発》は最頂点に達する。

「あなたがたも聞いているとおり、『隣人を愛し、敵を憎め』と命じられている。しかし、わたしは言っておく。敵を愛し、自分を迫害する者のために祈りなさい」（マタイ五・四三―四四）。

イエスは「あなたがたも聞いているとおり」と言う。いつの時代でも耳にされがちな《俗言》は、外来の《異邦人》に無造作に宿を貸すことへの警戒であり、《よそ者》を差別して敵とみなし、さらには憎しみを訴える排他的な言葉であろう。

マタイによれば、イエスは、愛敵の教えをまさに伝来的な隣人愛の教えと対立させているのである。この場合、たしかに、「敵を憎め」という戒めは、そのままのかたちでは旧約聖書には見いだされない。しかし、「わたしの隣人とはだれですか」(ルカ一〇・二九)という律法学者の典型的な問いかけには、この愛の限界づけが含まれていたことは確かであろう。

当時、愛の対象を同胞間に限った隣人愛の楯の裏面には、少なくとも暗黙裏に、敵への憎しみを許容する可能性も残されていたのではなかろうか。してみれば、この《憎め》という戒めは、隣人愛の戒めと並行させられることによって、伝来的な隣人愛の本質を《イデオロギー批判的》(O・バイヤー)に暴露するものといってよい。隣人愛の限界が鋭くえぐり出されることによって、敵への憎しみから成立する同胞関係が歪んだ病的なものにすぎなかったことが明らかになる。(24)

いずれにせよ、マタイが愛の戒めをイエスのあらゆる個別的な戒めの決定的な基準と考えていたことには、ほとんど疑いの余地がない。じじつ、愛敵の教えは、イエスの使信の中心に立っていた。しかし、《この世離れした》このイエスの要求の無条件性は、この世を越える神との垂直的な関わりなしには成り立たないであろう。

《開かれた天》を通して、父なる神は、《成人した子どもたち》に聖霊を注がれ、平和に生きるための力を与えられる。それによって、初めて山上の説教の倫理が可能となる地平が広く開かれてくるであろう。それは、すなわち、まず神からあたえられる愛敵と赦しの経験であり、それにたいする感謝の応答から具体的な人間の行為が生まれるのである。こうして平和をつくり出す者と同じく、敵を愛する者は、「天の父」なる神の子どもと呼ばれるのだ（マタイ五・四五）。

ここでイエスは、旧約的な戒めにおける「隣人」の代わりに「敵」をおく。それは、隣人愛の対象がたんに量的に拡張されたということではない。むしろ、これまで隣人愛のもとに考えられてきたことの質的な転換を意味する。すなわち、愛の妥当する範囲をできる限り遠くまで及ぼすというだけではない。通常は敵と見なされる人びとに友誼の輪を拡げ、敵意を緩和させるというのではない。それは、まさに愛を拒否し愛に値しないとみえる敵にたいして、愛が妥当しなければならない、という要求なのである。[25]

愛敵の戒めのもつラディカリズムは、まさに《相互性》の倫理が突破されるところにある。たんに敵の行動にならって敵となる代わりに、「天の父」（マタイ五・四五）にならって、新しい変革が生じなければならない。憎む者に親切に、呪う者を祝福し、迫害する者のために祈ることによって、相互性の悪循環を突破しなければならない。

イエスは、右の頬を打つ者に左の頬をも向け、下着を取ろうとする者に上着をも取らせなさい（マタイ五・三九―四〇）と言う。[26]この戒めは、その誇張した言い回しによって、《異化＝当惑効果》（E・ブロッホ）をあたえ、自動的に相互的応酬に打って出る可能性を遮断する。一方的な愛によって平和をつくり出す余地をあたえる。これは、文字通りのかたちの実践というより、そうした根本的な《一方性》を象徴するものであろう[27]。

イエスの愛敵の教えは、山上の説教の中でも、古来もっとも議論の多い戒めである。それを直接に政治の世界に適用することについては、とくに反対論が少なくない。しかし、「一ミリオン行くように強いる」強制労働(マタイ五・四一)がローマの兵士の命令にもとづくものとすれば[28]、ここでは、明らかに《政治的》な敵の存在が前提されているのではなかろうか。

政治学の分野で、これまで、この《敵》が公敵か私敵かをめぐって議論があった。カール・シュミットは、『政治的なるものの概念』(一九三二年)で、愛敵の戒めで用いられている原語はエクスロスであり、公的な戦時の敵(=ポレミオス)ではないとして、愛敵を私的な仇にたいする憎悪の反対概念だとした。しかし今日、こうした解釈はもはや通用しないことが論証されている。すなわち、新約聖書においては、ポレミオスという言葉は、敵にたいしてまったく用いられていない。逆に、エクスロスは、生じうる敵対関係の全分野を覆うものとされている。それは、個人的な敵対者(ガラテヤ四・一六)にも、イスラエルの敵(ルカ一・七一)にも、さらには教会の証し人に敵対する者(黙示録一一・五)にも用いられている。つまり、個人的、社会的=政治的、さらに宗教的分野を含むものである。こうして敵対関係は、きわめて包括的にとらえられている[29]。

それと同時に、いっそう注目すべきことは、愛敵の戒めにおいて、敵対関係のリアリティが冷静に認識されていることである。コンフリクトのない世界という幻想が抱かれているのではない。むしろ、敵を愛するということは、人間の共同生活の中に敵対関係が存在することを、はっきり計算に入れてかかることにほかならない。愛敵の戒めを実践することは、犠牲をともない、苦難と傷を負う可能性を含んでいる。平和は、危険を冒すことなしには、つくり出すことができないであろう。

同時にまた、イエスの愛敵の教えは、たんに受動的に他者からの攻撃を甘受することをめざすものではない。犠牲のための犠牲を自己目的とするのではない。愛敵は、愛のいずれの行動とも同様に、受動的ではなく、能動的であり生産的である。それは、たんなる主観的心情ではなく、他者に働きかける行為、ないしは、あえてしないという不行為であるから。

さらに重要なのは、愛敵の行為において、敵の人格とその敵対的行動とが、すなわち、行為者とその行為とが区別されていることである。それによって愛敵は、敵を現にあるがままのもの（＝敵としての役割を演ずるもの）としては承認することを拒否し、むしろ、彼がまだなっていないもの（＝敵対関係から解放された自由な人格主体）になるように挑発するのである。

それは、タリオの法則にたいする第五の反対命題（マタイ五・三八―四二）にもあらわれている。同害反覆法《タリオ》はハンムラビ法典以来、さまざまの変容を経て国家権力による刑罰の基礎となってきた。「目には目を、歯には歯を」（マタイ五・三八）という言い方は、今日のわれわれには、復讐の激情を示すもののように響く。しかし、タリオの権利は個人にではなく共同体にあたえられ、それによって一定の客観性が保障されていたのである。それは、人類文明のある発達段階において生まれ、古代の地中海世界の圏内で広く行なわれ、そこから国家的刑罰権にまで統合されていった里程標を示すものであった。

しかし、イエスは、こうした法則に従うことを拒否するように命ずる[30]。それは、さしあたり、「悪人に手向かってはならない」という消極的なかたちで規定されている。「悪」という言葉には中性名詞ではなく男性名詞が用いられている。すなわち、手向かってはならないという場合は、あくまでも人間仲間にたいする新しい対処の仕方が問題なのである。イエスの弟子たる者は、この世の「悪」に直面して、たじろぎ、退いて、「悪」のなすがままに放任するというのではけっしてない。この世からの逃避や断念と解されてはならない。それは、責任倫理に反するものであろう。

イエスの教えにひそんでいるのは、まったく別の考え方だった。すなわち、タリオの領域にとどまる者は、悪の圏内で動いているにすぎない。悪の行動に報復するとき、多くの場合、いっそう悪い行動がつづくだけである。そこでは、同じ攻撃性に堕しているのであり、悪は抑制されるようにみえても、基本的には受容されているにすぎない。それは、克服されるどころか、むしろ多くの場合エスカレートしていくであろう。イエスは、まったく新しい創造的な愛敵の行動を命ずる。

すなわち、コンフリクトを回避するのでなく、それを自覚的に――ただし《別の政策選択《オルタナティヴ》》の仕方で――担いとっていくというのである。敵対者にたいして、驚くべき新しい仕方で立ち向かっていくのだ。イエスの説く非暴力は、そうした敵対者にたいする挑発的な働きかけにほかならない。攻撃‐報復という悪循環を一方的に断ち切るとき、そこに生ずるショック効果によって、敵対者の行動＝態度の変革が引き起こされることを期待するのである。「悪に手向かってはならない」という戒めは、むしろ、パウロ的に「善をもって悪に勝ちなさい」(ローマ一二・二一)と言いあらわすほうが、いっそう正確であろう。

このような仕方の愛敵は、じっさい、ニーチェのいう弱者のルサンチマンからする奴隷道徳ではありえない。それは、強靱な精神からする圧倒的な優越性と自由とのあらわれというべきであろう。この世には暴力と敵対関係が存在するゆえにこそ、創造的・積極的な愛敵の精神は、徹頭徹尾、敵対関係そのものに反対する抗議と批判のかたちをとらざるをえない。そして、こうした愛敵の精神は、天にいます父なる神の愛に促され、来たるべき神の国の《しるし》を地上において打ち立てなければならない。それは、イエスの教えに示された行動モデルを、所与の状況に即して、自由な責任と創造的な服従から翻訳し展開していくことを求められているであろう。すでにイエスの時代、その愛敵と暴力拒否とは、ゼーロータイ運動の神学と実践とにたいして、高度に政治的な《別の政策選択》を意味していた(31)。

3 《山上の説教》と現代の平和構築

山上の説教のアクチュアリティを現代における政治・社会・文化にたいして説得的に示した、いくつかの歴史的実例について学んでみよう。

非暴力と市民的抵抗

これまで山上の説教は、ときにマハトマ・ガンディの名と結びついて無抵抗主義の教えとして紹介されることが多かった。しかし、ガンディ、さらにそれに学んだマーティン・ルーサー・キングの思想は、けっして無抵抗や敗北主義ではない。それは、非暴力直接行動なのであり、インド独立闘争からアメリカ黒人の市民権運動にいたる歴史に輝かしい成果を示してきた。それ以後、腐敗した権力＝体制、人権や平和を抑圧する政府＝政策に反対する市民的不服従の行動と結びついて、近来、注目されるにいたったものである。

ガンディ自身は、ヒンドゥ教徒として、歴史的な出来事に根ざす啓示宗教には高い評価をあたえなかった。彼は、ドグマ化されたキリスト論にたいして否定的だった。しかし、彼は、個人としての行動においても政治的闘争においても、山上の説教の精神に従って行動しようとつとめた。(32) 彼は、非暴力と赦しに与《くみ》し、他者にたいして怒ったり苦悩を加えたりすることに反対した。ガンディの《サティアグラハ》（＝真理の力）の哲学は、真理のみが勝利しうるという事実にもとづいていた。そして真理は《アヒムサ》（＝非暴力）の手段によってのみ実現できる。《アヒムサ》は、地上の生において避けることのできない暴力を、放棄しようとつとめることである。それは、たんに殺さないことを意味するだけではない。過酷な言葉や判断、悪意、怒り、残虐さ、弱い者への抑圧など、いっさいを避けることである。こうして《アヒムサ》は、消極的には、われわれが敵と見なす人との交わりにおいてさえ無慈悲な思いを抱かないことを意味する。しかし、ガンディにとって《アヒムサ》は、本来、積極的なダイナミックな力でもあった。それは、いっさいの生きものを殺傷しないという積極的な戒めと結びつく。この包括的な愛は、ガンディによれば、ヒンドゥ教の伝統においては、動物や植物など、そしてついには全世界を含むものだという。それは、あらゆる種類の生命にたいして保護と助けをさしのべる積極的な生き方であった。

ガンディは《非暴力》の三つの次元を区別する。

最高のそれは、彼が勇気ある人の非暴力と呼ぶものである。それは、政治的のみでなく生活のあらゆる分野で貫徹される。この非暴力を信念＝信仰と見なす人びとは、利害抗争の只中でも人間的な連帯を見失うことはない。対立する他者に強制を加えるのでなく、その回心のために努力する。

第二の次元では、非暴力は、特定の生活分野における合目的性のための手段である。ガンディは、それを無力な者の受動的非暴力と呼んでいる。ここでは、暴力の行使が避けられるのは、道徳的確信によるというよりは、むしろ弱さのためである。しかし、この非暴力が臆病さからではなく、一つの政策として誠実に的確に勇気をもって用いられるなら、一定の成果を収めることができるであろう。

第三の類型は、いわば誤った非暴力、柔弱者による受動的なそれである。臆病さは無力であり、暴力よりいっそう劣る。ガンディにとって、死を恐れ何らの抵抗の力をもたない者に非暴力を教えることはできない。

とはいえ、非暴力は、この世から逃避する諦念者の徳を、けっして意味しなかった。それは、精神の力として、すべての人によって、若者にも女性や子どもにも、個人でも集団でも、じっさい、大衆によっても実行できるものであった。イギリスの植民地主義にたいするガンディの闘争でもっとも劇的なのは、塩税に反対した《塩行進》（一九三〇年）であろう。数千の人びとが規律ある市民的不服従の行動によって悪法を破り、その行為の結果を甘受して獄中にあふれたとき、自由な製塩の権利が回復された。ここにイギリスのインド保有の意思は動揺し始めたといってよい。こうしてガンディは、真理と非暴力とが人間の手におけるもっとも強力な武器であることを実証した[33]。

キングは、ガンディに学ぶことを通して山上の説教の政治的・社会的意味に眼を開かれた。彼は『自由への大いなる歩み』の中で、思想形成の跡をまとめて記している[34]。

「ガンディは、おそらく、イエスの愛の倫理を、個人と個人の間のたんなる交互作用を越えて、大規模な、強力で有効な社会的な力にまで引き上げた、歴史上最初の人物だったろう。ガンディにとっては、愛は、社会ならびに集団を変革するための強力な道具だった。ぼくは、永い歳月のあいだ探し求めてきた社会改革のための方法を、ガンディがこのように強調した愛と非暴力の中にはじめて発見したのだ」。

キングは、さらにラインホルド・ニーバーの現実主義にも出会い、その平和主義批判からも学んでいる。ニーバーは、人間の性質——とくに民族や社会的集団の態度、人間を行動に駆り立てる動機や道徳と力の関係の複雑さなど——に鋭い洞察を示している。キングは、そこから「人間の性質についての浅薄な楽観主義の幻想や、虚偽の理想主義の危険を認めること」を教えられ、また人間の悪への可能性をも覚らさせられた。それは、「人間の社会的環境の複雑さと集団的な悪の現実性」に眼を開かせるものだった。

しかし、他方では、キングは、ニーバーの立場の欠陥をも指摘する。ニーバーは、平和主義を悪にたいする「消極的な非抵抗」のように誤解している。しかし、真の平和主義は、けっして悪の力にたいして屈服することではなく、むしろ、暴力を受けるほうが暴力を加えるよりもましだ、という信念にもとづいて、愛の力によって勇敢に悪に立ち向かっていくことだ、というう。

彼は、モントゴメリーの抗議運動を開始したとき、「意識するとしないとを問わず、愛についての荘厳な教えを含む山上の説教と、非暴力的抵抗に関するガンディの方法とを思い出さないわけにはいかなかった」。

この闘争の中からキングの学んだ教訓は、まず第一に、非暴力的抵抗がけっして臆病者の用いる方法ではないということ、あくまでも抵抗の一種なのだということであった。第二に、非暴力抵抗は、反対者を打ち負かしたり侮辱したりすることではなく、反対者の友情と理解を勝ちとることを求めるということである。そこから、また第三に、非暴力的抵抗が打ち破ろうと求めるものは悪そのものであり、けっして悪の犠牲にされた人間ではない、ということである。第四に、非暴力的抵抗は、報復しないで苦痛を甘受し、反撃しないで反対者の攻撃を喜んで受け入れる。第五に、非暴力的抵抗は、たんに外部的な肉体による暴力を避けるばかりでなく、内面的な精神による暴力、つまり、反対者を憎むことさえも拒絶する。

ただし、キングの場合、青年期におけるガンディからの学びにもかかわらず、その非暴力の思想にある独自性も見逃すことはできない。ガンディとは異なり、キングは、政治における権力行使に関して、いっそうリアリストないしプラグマティストとして行動した。アメリカの公民権運動の中で、彼は、社会における権力への正当な参加の必要性を認識することを学んだ。キングは、非暴力の運動を、権力を民主化するための権利闘争の手段として位置づけることを知っていた。一般的にいえば、キングがガンディから受けとったのは非暴力行動の方法であり、それにともなったヒンドゥ教的倫理そのものではなかった。前者については、いっそう広く世俗化された公共性に訴えるかたちで一般化するとともに、後者については、彼自身の人格主義的なキリスト教的愛の倫理に置き換えたといってよい[35]。

キングにとって、非暴力の中心には、終始、この愛の原理がある。「生活の歩みの中で憎しみの鎖を断ち切るにたりるほどの理性と道徳とをもつ」こと、このために愛の倫理を生活の中心にすえることが絶対に必要なのである。この愛は、敵と味方とを区別せず、等しく双方に向けられるものであり、その人からただ敵意のみが予期されるような敵＝隣人をも愛することだ、という。こうしてこの愛の倫理は、最後まで分析してみると、「一切の生命が互いにつながりあっていること」「いっさいの人間は兄弟なのだ」ということを認めることにおいて成立する。キングは、非暴力的抵抗が、世界は正義に味方するという確信にもとづくものであり、したがって「非暴力を信ずる者は、未来をふかく信じている」と結論する。こうしてキングによれば、「愛敵の戒めこそは、われわれが生き残ることを望むなら絶対に必要なものである。敵にたいする愛こそは、現代世界の諸問題を解決する鍵にほかならない」(36)。

知性的愛敵と非武装平和

しかし、ガンディ＝キング的な非暴力と愛敵の精神は、もともと闘う者同士がフェイス・トゥ・フェイスで接触しているという前提条件の下でのみ可能なのではないか。それを直ちに主権国家の対峙しあう国際関係に適用するのは不可能ではないか。こういった反論が、しばしば口にされてきたのは不思議ではない。とくに核時代においては、いざという場合に、《魂なき》装置と匿名のコンピューターがオートマチックに作動する。この核戦争の体制の下では、山上の説教の政治的射程は限られているのではないのか。――けっしてそうではない。

核抑止のシステムに内在する軍拡のダイナミズムは、敵意と不安と不信によって駆り立てられている。こうした状況にたいして、愛敵の戒めは、暴力に代わる新しい政策選択《オルタナティヴ》の問いを掲げる。なぜなら、とめどない暴力のエスカレーションは、もはやコンフリクトを調整する手段としての戦争を不可能にしつつあるからである。抑止のシステムが平和と安全を保障するというのは、危険な見せかけにすぎない。それは、短期的にはともかく、長期的にはトータルな破滅に通じていることは明らかである。

敵対関係と暴力とを克服することが、いまや、もっとも基本的な政治理性の要求となった。しかし、それは、抑止を支えるメンタリティと政治構造との徹底的な変革を要求するであろう。平和をつくり出すために今日必要としているのは、創造的な思考と冒険への決意ではなかろうか。

たとえば哲学者フリードリヒ・フォン・ヴァイツゼッカーによれば、われわれが敵を理解することを学ぶことから《実際的な愛敵》が始まるという。むろん、そのときにも、おそらく敵はわれわれを脅かしつづけ、憎みつづけ、われわれの敵であることを止めないであろう。しかし、少なくとも、そのときには、相手がわれわれを脅かし憎むのは正当な行為だという心証を彼らにたえずあたえつづけるようないっさいの動きを、われわれの側からは、もはやしなくなり始めるであろう。そのときにはじめて、われわれは相手にたいして、彼がこれまでどれほどわれわれを脅かし、それゆえ、われわれの側でも彼を憎まざるをえなくなるように行動してきたかを分からせることができるようになるのである。こうして、しだいに相手のモティーフを互いに理解しあい、妥協と協力の関係に道が開かれるようになるであろう。

ヴァイツゼッカーは、こうした発想をキリスト者と教会のとりうる政治的選択として《知性的愛敵》（intelligente Feindesliebe）と呼んでいる[37]。

具体的に現代の国際政治状況に翻訳するとすれば、愛敵の教えからは、たとえばつぎのような可能性を引き出すことはできないだろうか。敵対者とともに、相ともに敵対関係を解体し、戦争の起こるのを防ぎ、コンフリクトを暴力行使以外の仕方で解決する途を探ること。その際、少なくとも政治的状況を自分の利害関係からだけでなく、相手の立場に立って、相手の立場から眺めること。敵対関係が生じた理由を敵の人格そのものからは区別して考えるように習練すること。さらにその際、たとえば軍拡競争の分野で、一方的に相手に先んずる軍縮の行動をとってみること。それによって、現に行なわれているような、相手を殲滅するために優位に立とうとする死の競争を減速させ、ついには停止させることは、考えられないだろうか。

むろん、ヴァイツゼッカーの説く《知性的愛敵》の勧めとイエスの愛敵の教えとのあいだには、明瞭な違いがある。イエスは、何らの留保のない愛敵を命じたのにたいして、ここには、自己と他者とのチャンスを比較考量する冷静な状況分析が前提されている。したがって、互いに交換しあう政治的シグナルの考量と計算なしには、新しい一歩が踏み出されないのである。

この《知性的愛敵》は、これまで《漸進主義《グラデュアリズム》》の軍縮構想として知られてきたものに近いといってよい。これは、最小限の——核による——抑止効果を確保した上で、相手側の信頼を呼び起こすための一方的措置をとり、相手側の出方いかんによって、新しい措置をさらにとりつづけていくという戦略である。つまり、漸進主義は、一方的な先行措置を——核非武装を含めて——相手側の出方如何にかかわらず断行するという《一方的平和主義《ユニラテラリズム》》とは異なっている。(38)

西ドイツにおける平和運動の中には、《軍備なしに生きる》市民運動などのように、はっきりこの一方的平和主義に立つ人びともいる。一九七〇年代末に生まれたこの運動は、聖書的な平和の使信から、あらゆる軍備と兵役の徹底的拒否という結論を引き出した。この《軍備なしに生きる》という標語は、世界教会協議会ナイロビ大会（一九七五年）決議の文章からとられている。彼らは以下のような決意表明文に署名して、《一方的平和主義》をみずから選びとった義務と見なす。すなわち、「私は軍備によって守られることなしに生きることを決意します。私は、わが国にあって武器をとることなしに平和が政治的に実現されるよう働くことを決意します」と。この市民運動には、これまで古典的な平和主義的セクトに代表されてきた《原則的》平和主義者に並んで、現代の国際政治における核軍拡競争の分析から軍備拒否に踏み切った、いわば《状況倫理》に立つ人びとも含まれている。(39)

イエスは、その愛敵の教えを「悪人にも善人にも、太陽を昇らせ……雨を降らせてくださる」神の恵みによって基礎づけている。敵との対立関係の中で熱くなった頭を冷やし、心を開かせ、両手をさし出す可能性は《上なる天》に目を向けることによってのみ生まれるのである。

その限りでは、愛敵の戒めは、あくまでも福音の地平において解釈されなければならないであろう。

愛敵の戒めと平和主義との関わりを、徹底した福音の倫理として示しているのは、カール・バルトのつぎの一節ではなかろうか。

「隠れた、また顕わな、さまざまの権力の国にたいする神の国の決定的な対立は、神の国が人間と人間とのあいだの敵‐味方という関係をすべて無効にしてしまう、という点に認められる。人間と人間との関係においては、いずれにしても権力というものが《最後の手段》(ultima ratio)である。自分を愛する者を愛する——それは、取税人でもすることである(マタイ五・四六以下)。兄弟のあいだの人間的関係——それは、異邦人にもあることである。そのようなことが、何の役に立つであろうか。そのようなことにもかかわらず、世界は、権力の行使に充ちており、その状態はいつまでもつづく。それは、そのようなことによっては、あの敵‐味方という関係が無傷のままでいるからである。しかし、弟子たちにたいしては、『敵を愛せよ』と言われる(マタイ五・四四)。それは、敵‐味方という関係の終わりである(なぜかといえば、あなたが愛するあなたの敵は、あなたの敵であることを止めるから)。したがって、そのような関係を前提とし、そこにその意味をもっている権力の行使の終わりである。弟子は、その行為・不行為によって、敵-味方関係の終わりを証しし、それとともに権力の行使の終わりをも証しする。……この場合にも、それは、イエスが随従へと召喚したもう者にとっては、具体的な訓令であり、告げられるままに行なわれなければならない議論の余地のない訓令である。新約聖書の意味においては、われわれは、原理的にというのではなく、ただ実際的に平和主義者であるより他はない。しかし、われわれは皆、随従へと召喚されたときに、実際的に平和主義者となるのを避けることができるか、それを止めてよろしいかということを、考えなくてはならない」(40)。

バルトのいう《実際的》な意味での平和主義に立って、《一方的平和主義》を打ち出したのは、オランダ改革派教会の公にした平和宣言(一九七九年)である。そこには、愛敵の教えと敵-味方的思考について興味深い認識がある。

「聖書において問題となるのは、敵(他者)ではなしに敵対関係である」。すなわち、ここでは、敵の人格と敵対関係とは、はっきり区別されている。しかし、抑止システムにおいては、「われわれは、自分自身よりも、いっそう他者に不信をもつように強制される」。このシステムは、人間関係と世界像を黒白図式に塗り分けて、自己を《よい》もの、他者を《悪い》ものとする傾向を強めている。それは、イエスの愛敵の教えを愚かなもの、危険なものと見なす。こうして核抑止のシステムは「敵対者を《悪魔》視することを強制する」。そこでは、敵は、徹頭徹尾、《悪い》ものとならざるをえない。そこでは、「トータルな殲滅をもって不断に威嚇することも正当化されなければならない。こうして他者と新しい関係に入りうるように、新しい開かれた可能性のある徴候をみてとることを妨げる心理的障壁が築かれる」。(41)

むしろ、今日、敵-味方関係が終わることによって暴力行使が終わるだけでなく、まさに暴力の存在そのものが終わる、ということを告げるために、キリスト教的証しがなされなければならないであろう。この平和宣言が、核兵器の《使用》のみならず《所有》をも否定し、《一方的》な平和主義の道を《信仰告白》として提起していることに注目すべきであろう。

むろん、核抑止論の立場からすれば、こうした立場をラディカルな《心情倫理》と見なし、まさにそれが世界平和を危険にさらすものと映るであろう。そのいわゆる現実主義的政策においてのみ《責任倫理》が可能になるとされるのである。しかし、そこでも、しばしば避けえない倫理的ジレンマに直面せざるをえないのではなかろうか。

すなわち、核抑止論は、倫理的理由からは《使用》することが許されない核兵器によって敵を《威嚇》し、核戦争を防止すると主張する。しかし、その場合、抑止の効果が生ずるには、敵にたいして、こちらから核反撃をうける危険性のあることをたえず相手側に予測させつづけなければならないであろう。そのためには、右の倫理的考慮がほんとうに真剣なものとして受けとられては困るというジレンマがある。こうした倫理的ジレンマは現実政治を無視しない《責任倫理》の枠内においてのみ《堪えうる》ものとなるだろう、と主張されるわけである。

しかし、《一方的平和主義》からすれば、事実関係は正反対であろう。軍事技術的なパースペクティヴからのみ核兵器を論ずる人びとは、それをたんに《武器》の一つとみるにすぎない。そこでは、核兵器もまた責任ある政治＝軍事指導者の手によって自由に操作しうる手段であるかのように錯覚されている。しかし、核抑止政策のいわゆる倫理的ジレンマは、それがまさに人類共滅の地球的《大火》をもてあそぶものであるゆえにこそ《堪えがたい》のである。むしろ、このいわゆるジレンマは、核兵器への関わりをあえて放棄することによってのみ回避可能なものとなるであろう。そこでは、平和を願う《心情倫理》は、人類の運命にたいする《責任倫理》と相即しているということができる。(42)

生命への畏敬と対抗文化

じっさい、イエスにとって、あれかこれかの二者択一は、他者の生命を救うか、それとも殺すかということだった。生命に仕えないものは死に仕える——イエスの倫理における最大の戒めは、愛と救済である。してみれば、何百万の人びとが貧しく飢える中で、その犠牲において何千億ドルの費用を軍拡に投じ、それによって何千万の罪なき人びとを死にいたらせる大量殺戮兵器を所有し使用することは、けっして正当化されえない。

山上の説教にあらわれるイエスの愛の倫理を、さらにシュヴァイツァーの《生命への畏敬》の思想に即して考えてみよう。周知のように、シュヴァイツァーは、その『イエス伝研究史』によって、山上の説教を《中間時の倫理》と解釈した。つまり、神の国の到来を待望する緊迫感に充ちた時期に妥当する倫理とみているのである。しかし、シュヴァイツァーのいう《中間倫理》という概念から、山上の説教をイエスの終末観によって制約された特別の時限倫理としてのみ理解するのは誤りである。シュヴァイツァーによれば、むしろ、神の国の切迫感によって、山上の説教の普遍的な要求は、その実現のための迫力をいっそう強められ、あるいは、はじめて可能にされるのである。イエスが当時の黙示録的な思考から本来志したものを、シュヴァイツァーは、われわれ自身に可能な仕方で現代の生活の中に移し入れようとした、ということができる。山上の説教の内容の妥当性そのものは、《中間時》の概念とは関わりがない[43]。

シュヴァイツァーは歴史家として、イエスが神の国の間近な到来を希望していたことを明らかにした。だが、それによって、山上の説教がいかに理解されるべきかという問いは、残されたままとなった。シュヴァイツァー自身は、それを英雄的な人道性《ヒューマニティ》への呼びかけとして価値をもちつづけるだろうと考えた。それは、シュヴァイツァーが神の国の使信をあたかも倫理的な理想主義のかたちで新しく解釈することによって、つまるところ、イエスをふたたび近代的な進歩主義の代弁者に仕立てたかのようにみえるかもしれない。しかし、シュヴァイツァー自身の文明批判の基調そのものが、そうした楽天主義から彼を守っていた。むしろ、現代文明の危機と人類の未来の運命を憂慮する点において、おそらく彼は、イエスにもっとも近く立つことができたというべきであろう。

シュヴァイツァーは、学問と芸術の道を放棄し、アフリカ医療伝道に献身した。この事実は、『イエス伝研究史』の末尾に彼の記した、「湖のほとりで見知らぬ人」として近づいてきたイエスの呼びかけに服従するものであった。シュヴァイツァーを導いたのは、イエスの山上の説教において示された愛の倫理だったといってよい。アフリカで着想された《生命への畏敬》の思想も、その根源はイエスの説教にあった。彼がその自伝のエピローグで語っているように、「生命への畏敬の倫理は宇宙的に拡大された愛の倫理であり、その必然性を認識されたイエスの倫理である」。

《生命への畏敬》の倫理は、よく知られているように、愛、献身、同情、共感などとして示されるいっさいのものを含む。彼は、自然界の現実を幻想なしに眺め、被造物の苦悩と苦難に目を閉ざしていない。しかし、まさにそうした現実の只中で、《生命への畏敬》の倫理は、人間の良心を研ぎすますべきことを強調する。それは、被造の生命、コスモス全体にたいする深い宗教的・倫理的責任にほかならない。今日、《環境倫理》として知られる問題が、ここに先取りされていることは明らかである。[44]

じじつ、バルトも「動植物の生に対する畏敬」を論じて、シュヴァイツァーに高い評価をあたえていることを見逃してはならないであろう。バルトによれば、シュヴァイツァーがこれまでの倫理学をつぎのように非難してきたのは、かならずしも誤りではない。

すなわち、「これまでの倫理学は、ただ人間と人間の社会にたいする人間の関わりにたいしてだけ注意を向けてきたが、それは《視野の偏狭さ》と《時代遅れの態度》を意味するものだ」。シュヴァイツァーが「倫理学とは、なべて生きとし生けるものにたいする無際限に拡大された責任である」というとき、これを「センチメンタル」などということは、けっしてできない！彼の要求を批判するのは簡単である。だが、アッシジのフランチェスコを思わせるような見方と感じ方の直接性、また内的な衝迫力は、そのような批判よりも強力である。ここで冷笑することしかできないような人は、自分自身のことを少しあわれむほうがよい。それゆえ、シュヴァイツァーが、この事柄において徹底的に提起した問題は、「たとえそれが受け入れることのできない一般的前提の地盤の上においてなされたものであろうと、……賞讃に値する」[45]と。

じじつ、近来、《環境倫理》の問題提起とともに、動物の屠殺にたいしても批判的な問いが投げかけられている。イエスの倫理が分割されえないこと、それを人間にのみ妥当させ、人間の生活に密接に関わる人間以外の生命を放置することにたいして、批判と反省とが出てきたのは当然であろう。産業的・技術的な開発の中で自然の生態系秩序に大きな破壊が生み出された。

「われわれの世界へのキリストにおける神の到来という言葉が、現代の自然科学的世界像においてなお意味をもつとすれば、この意味を被造の世界、人間以外の被造の生命にたいする教会のまったく新しい関係の中で示さなければならない。それは、まったき回心によって、つまり人間の重い罪責からの転換によってのみえられるであろう」[46]。

こうした環境倫理の問いかけは、いわば平和の倫理的課題を宇宙的規模にまで拡大したものということもできよう。

すでに第一次大戦以前に、シュヴァイツァーは、権力抗争とナショナリズムの避けがたい帰結を、ほとんど預言者的な仕方で見通していた。その生涯の最後の日々にいたるまで、彼は世界の将来にたいする憂慮を表明しつづけてきた。第二次大戦後におけるシュヴァイツァーの核兵器反対の行動が《生命への畏敬》の思想にもとづくものだったことは、よく知られている。シュヴァイツァーの思想と行動は、しかし《東西対立》にたいしてのみでなく、今日、《南北問題》にたいしても豊かなパースペクティヴを示していることを見逃してはならない。彼は、『水と原生林のはざまで』（野村実訳、岩波文庫）の冒頭で、アフリカの原生林行きを彼に促したイエスのたとえに言及している。彼は《金持ちと貧しきラザロ》（ルカ一六・一九―三一）のたとえによって、突如、新しい光をあたえられた。アフリカの黒人たちはヨーロッパの《金持ち》の門の前に立つ《貧しきラザロ》なのだ、という。こうした解釈によって、シュヴァイツァーは、《金持ち》のように罪責を負う者とならないためには行動しなければならなかった。ランバレネにおける彼の献身を、彼自身は、《慈善》ではなく、白人が黒人たちにたいして負うている《罪の償い》（F・ファノン）という観点からとらえていたのである。

シュヴァイツァーは、アフリカ宣教史に重なるヨーロッパのアフリカ収奪＝支配の現実を、はっきり認識していた。彼は、植民地における《社会問題》の存在にも注意を向け、ヨーロッパ文明との落差に立つアフリカの経済《開発》の方途についても独自の展望をもっていた。シュヴァイツァーの医療の在り方や黒人教育観などについて批判的な声もないわけではない。しかし、シュヴァイツァーのランバレネでの実験は、いわば草の根からの社会変革とも呼びうる《コミュニティ・ディベロップメント》の方向をめざしていたといってよい。シュヴァイツァーの思想と行動に《開発援助の原細胞》（B・オットー）をみることは、けっして不当ではないであろう[47]。

シュヴァイツァーの思想から引き出される《環境倫理》や《開発援助》などの問題は、今日、平和をつくり出す課題が、いっそう具体的に市民の日常生活における生き方そのものへの問いと関わっていることを示している。つまり、環境倫理は、生産・所有・消費という現代文明の在り方と相関的である。汚染されない大気や水や大地、そこから生まれる豊かな収穫や生活などの問題において、人類は、いまや連帯的に生きなければならない。人口爆発、資源枯渇、世界的飢餓などの問題を通して、世界は一つなのである。

この観点からするとき、平和は、たんに戦争の不在ではなく、構造的暴力にたいする《対抗文化》の日常的実現でもある。つまり、戦争と軍拡とは最大の環境破壊であり、エネルギーの濫費である。平和運動が今日、世界の各地において《持つ文明》(E・フロム)、すなわち、生産の優位にもとづく業績達成社会と大量消費社会における非人間化の傾向にたいする《対抗文化》の要求と結びついてあらわれているのは偶然ではない。

イエスの山上の説教は、まさにこの点においても《持つ文明》を拒否することによって、現代の平和が求める《対抗文化》の構築に一つの具体的な《方向と線》とをあたえているのではなかろうか。《持つ文明》に対抗する《在る文明》のための手掛かりとして、フロムがイエスの山上の説教を援用していること――また、現代産業文明の《最大の批判者》としてシュヴァイツァーのランバレネの実践をあげていること――も、けっして偶然ではないであろう(48)。

4 《主の祈り》を生きる

山上の説教に従い、日常生活を変革して平和をつくり出すことを可能にする力は、《祈り》ではなかろうか。たとえばチェコのマルクス主義哲学者ミラン・マホヴェッチは、「人間の生きる意味」を論じた中で、人間の内面における神との対話としての《祈り》の意義を高く評価する。それは、日常性から《いっそう高次の次元》に人間を越え出させるものだという。マホヴェッチによれば、現代の人間は《物》の財貨の海に沈められ、もはや自己の現実を越え出ることができなくなっている。《祈り》において、《持つ》生き方から解放され超越するということは、今日の高度に技術化された文明・社会・経済の物的強制から解放されることにほかならない。[49]

《主の祈り》は、イエスの教えた祈りであり、われわれのすべての祈りの基本をなすものとして山上の説教の中心に見いだされる。山上の説教に従う政治倫理＝社会倫理を考えるにあたって、最後に、主の祈りをもって《むすび》とするのは、けっして不当ではない。なぜなら、祈りは、神の国を約束された《天にいます父》なる神にたいして、われわれがあたえる応答としての構造をもつからである。[50]

イエスの生涯と行動における《祈り》の役割をみれば、祈りが同時に神の御業のためにみずからを服従させる行為であったことがわかる。「さもなければ、約束されたところのもの、そしてほとんど客観的必然性をもって到来するところのもの＝神の国を祈り求めることは無意味であろう。……その実現を祈り求めることは、目覚めていること、賢明であること、実りを結ぶこと、すべての《貧しきもの》の側に立つことを意味する」[51]。

祈りにおいて、もっとも根底的な意味で、キリスト者にとって、《責任》（Verantwortung）が基礎づけられるといってよい。キリスト者の倫理は、このようにみられるとき、福音、すなわち、神の恵みの言葉（Wort）にたいする人間の応答（Antwort）である。《祈り》は《生きる》ことと結びついている。祈りを生きるとは、神を仰ぎ、神の恵みに支えられて、神の国の《しるし》を地上に立てる行為にほかならない。

一九八〇年にメルボルンにおいて世界教会協議会による世界宣教会議が開かれた。そのとき主題とされたのが「御国を来たらせたまえ」という《主の祈り》の言葉であった。会議で問われたのは、神の国の使信を現代の状況の中で、とくに第三世界において、いかに宣教するかということだった。この会議には、南北の国々から来た教会指導者や神学者たちとともに、草の根で活動するキリスト者たちも加わっていた。そこには、富む国と貧しい国との緊張がつきまとっていた。

この会議を通して、終始、《主の祈り》の主題とそのダイナミズムとが、はっきり意識されていた。すなわち、約束された神の国の到来の将来性に注意を促す声にたいしては、神の支配を、いま、ここで、すでに解放と独立として、つかみうるようになるために人間が何をなすべきかが問われた。そこには、《神の国》の約束と要求、すなわち、《神の国にたいする待望》と《神の国のための闘い》との緊張関係が集中的にあらわれていたということができる。(52)

この神学的な対立は、じつは、これまで教会史を貫いて、さまざまのかたちで噴出してきたものである。一方は、相手側における一面的な彼岸的待望が一種の終末論的ドケティズムに陥る危険性を批判する。これにたいして、他方は、逆に相手側において聖書的使信が此岸的な社会変革的ユートピアに変質する誘惑を憂慮する、という具合である。このような《神の国》の超越性と内在性という二者択一を越える積極的な道は、どこに見いだされるのであろうか。この点に関して、カール・バルトのつぎの言葉は、まことに示唆的ではなかろうか。それは、彼の最終講義の遺稿において「御国を来たらせたまえ」という《主の祈り》の講解の中で語られたものである。

「キリスト教的エートスはつぎの点に成り立つ。すなわち、『御国を来たらせたまえ』と祈るように解放され、呼びかけられた人間が、また、彼らの自由を用いて、彼らにあたえられた〔神の〕戒めに従い、彼らの側でも、到来しようとする御国に向かって生きていくということである」[53]。

聖書的希望によれば、神の国は、けっして精神主義化された存在、あるいは、たんに彼岸的な存在ではない。バルトに近く立つ神学者ハンス・J・クラウスによれば、キリスト者の信仰と希望は、「この世において神の国が目に見え手で触れうるかたちで現われることを待望する」。それは、すべての人間の身体的・精神的・霊的ないっさいの側面にわたる変革と革新への期待である。そこでは、貧困と困窮、病気と苦難、抑圧と絶望が最終的・決定的に過去のものとなるであろう。「これこそ、神の日とキリストの日に上る大なる希望の光なのである」[54]。

この《神の国》の希望へと神によって《解放》された人間は、同時に《自由》な主体として《地の国》にあって歴史を形成する責任に目覚めなければならない。こうした観点から、最後に、《主の祈り》を生きる倫理のもつ基本的な性格をまとめてみよう。

第一に、《主の祈り》を生きることは、神の国への待望にもとづいて終末論的批判の視点に立つ。

先のクラウスによれば、「神の国は、世界過程を破砕し、世界の現状をトータルに変革し革新する神の働きの力であり領域である。それは、新しい世界、新しい生命と共同生活を打ち立てることである。……これが神の国であり、その到来と樹立は、人間の恣意や能力の中にはもとづかない。越えることのできない限界が引かれている」[55]という。ここには、神の国＝神の平和の終末論的な完成にたいする人間の克服しえない距離と断絶の意識が表明されている。

しかし、それは、地上における人間のすべての努力が無意味だということではない。むしろ、終末論的希望は、いっさいの幻想にとらわれない醒めた精神による現実批判を可能にするというべきであろう。地上にあって絶対性を僭称する人間のあらゆる試みは、倒錯したイデオロギーあるいはユートピアにすぎないことを暴露される。《主の祈り》を生きることは、国家権力を含めて地上のいっさいの権力を絶対化することを認めないであろう。それは、軍事力を宇宙空間にまで拡大し、安全保障を絶対的に確実なものにしようとするような国家権力の企てにも根本的な疑問符を突きつけるであろう。

第二に、《主の祈り》を生きることは、つねに未来に開かれた視点を可能にする。

それは、いわば時間と歴史を停止させた閉塞的な管理社会に充足することを許さないであろう。特定の制度や体制が、もはや何らの改善をも変革をも必要としないものとして固定化されることはありえない。なぜなら、終末論的な神の国の約束のもとに、人間と世界の歴史は、つねにどこまでも未来に開かれたものでありつづけることを止めないであろうから[56]。

神の国の希望は、どこまでも既成事実に同調したり屈服してはならないこと、まさに諦めと成り行きまかせの態度こそ既成事実にたいして《事実としての規範力》をあたえてしまうことを教えている。平和を求める運動や勢力は、既存の巨大な体制に較べるときまことに弱小である。にもかかわらず、悲観や諦観に抗して、この世において努力に値するただ一つのもの＝平和と正義と人間性のために働きつづける力は、神の国への希望から引き出されるのではなかろうか。

第三に、《主の祈り》を生きる倫理は、それが真実に神の前における応答であるとすれば、ユニヴァーサルなものでなければならない。《主の祈り》は《世界を包む祈り》（H・ティーリケ）と呼ばれることがある。この責任倫理は、国境の壁を越え、人種の差異を越えている。それは、東西対立を越え、南北関係をも視野に入れて、人類全体を、さらには自然界の生態系秩序をも、その射程のうちに収めるものであろう。

かつて貧しいイスラエルの民を率いてエジプトの肉鍋から脱出したモーセは、《乳と蜜の流れる地》のヴィジョンを抱いていた。アメリカ公民権運動を導いたマーティン・ルーサー・キングは、「私には夢がある」と訴えかけた。エルネスト・カルデナールは、ソレンティナーメの農民たちとともに《主の祈り》を学びながら、「愛の御国が来て、その日には、すべての人のために十分なパンがある」解放の将来を思い描く。[57] そこに拡がっているのは、終末論的希望に貫かれたユニヴァーサルな平和への展望ではなかろうか。

たしかに、《神の国》は《地の国》と同じではないし、《神の平和》は《地の平和》と同じではない。しかし、二つのものをまったく無縁なものとして峻別するだけにとどまることはできない。この歴史的・政治的現実の只中で《積極的平和》が神の国の《しるし》として打ち立てられなければならない。そのとき、はじめて「御国を来たらせたまえ」という《主の祈り》を生きることができるのである。

《ニカラグアの主の祈り》は、たとえばつぎのように敷衍して祈られる。(58)

御国を来たらせたまえ。
飢える者たちに
泣く者たちに
あなたの正義を追い求める者たちに
すでに何世紀にもわたって
人間にふさわしい生を待望する者たちに
御国がまもなく来ますように。

御国が私たちのもとにやってくる
その道を整えるための忍耐心を
私たちにあたえてください。
かくも多くの軋轢や
脅かしや欠如にもかかわらず
御国を宣べ伝え、御国のために闘うために
私たちが疲れ果てることがないように
希望をあたえてください。

私たちが現代のこの時にあって
御国がどの道を通って私たちのもとに来るのか、
その視界を正しく見てとり見定めるために
私たちに、はっきりした眼差しをあたえてください。

（1） J. Moltmann (hrsg.) *Nachfolge und Bergpredigt*, 1981, S. 9–10（『山上の説教を生きる』佐々木・

庄司共訳、新教出版社）。同じ頃、広くドイツ語圏でカトリック教会も含めて、《山上の説教》をテーマとして政治家と神学者の討議が行なわれている（Vgl. W. Erk (hrsg.), *Der verbotene Friede. Reflexionen zur Bergpredigt aus zwei deutschen Staaten*, 1982 ; H. Erharter und J. Wilner (hrsg.), *Vom Geist christlichen Lebens. Bergpredigt und Weltverantwortung. Österreichische Pastraltagung 28. bis 30. Dezember 1982*, 1983）.

（2）Vgl. *Frieden wahren, fördern und erneuern. Eine Denkschrift der Evangelichen Kirche in Deutschland*, 1981, 4. A. 1982, S. 48. もっとも、この「平和覚書」は基本的には《ハイデルベルク・テーゼ》（一九五九年）の線に立って（Vgl. *a. a. O.*, S.25）、一定の条件の下で核抑止政策の可能性を認めていることに注意すべきであろう（宮田光雄『政治と宗教倫理』岩波書店、参照）。

（3）F. Alt, *Frieden ist möglich. Die Politik der Bergpredigt*, 13. A. 1983, S. 11. むろん、アルトに反対して、その《歴史認識》の欠如や《現実》無視を批判する声も、けっして少なくない。たとえば、「世界平和の維持は、夢想家たちにのみ委ねるには、あまりにも重大で困難な課題である」と（J. F. Rinsche, *Nur so ist Frieden möglich. Franz Alts Träume und die menschliche Realität*, 2. A.1984, S. 113）。そのほか、vgl. M. Hättich, *Weltfrieden durch Friedfertigkeit? Eine Antwort an Fraz Alt*, 1983. こうした声にたいして、アルト自身は、「核時代における山上の説教」について、さらに論じつづけている。「これまで神学者たちは、山上の説教をほとんどつねに解釈してきたにすぎなかった。しかし、核時代においては、山上の説教の精神において世界を変革することが問題である」と（Alt, *Liebe ist möglich. Die Bergpredigt im Atomzeitalter*, 2. A. 1985, S. 200）。

（4） Vgl. H. Schmidt, Politik und Geist, in: *Evangelische Kommentare*, 1981, H. 4, S. 214 f.; K. Carstens, Zum Gebrauch der Bergpredigt, *epd-Dokumentation*, 1981, S. 1 f.

（5） 山上の説教の解釈史については、宮田光雄「論争の中の《山上の説教》——解釈の歴史とその諸類型」（『キリスト教思想史研究』思想史論集2、創文社、所収）参照。そのほか、W. S. Kissinger, *The Sermon on the Mount. A History of Interpretation and Bibliography*, 1975 ; F. W. Kantzenbach, *Der Bergpredigt. Annäherung – Wirkungsgeschichte*, 1982 ; U. Berner, *Bergpredigt. Rezeption und Auslegung im 20. Jahrhundert*, 1979, 2. A. 1983 など、参照。

（6） Vgl. M. Hengel, Das Ende aller Politik. Die Bergpredigt in der aktuellen Diskussion, in : *Evangelische Kommentare*, 1981, H. 12, S. 686 ff. ; Ders., Die Stadt auf dem Berge. Die Bergpredigt in der aktuellen Diskussion, in : *a. a. O.*, 1982 H. 1, S. 19 ff. これにたいして、vgl. W. Schrage, Das Ende der Politik? Kritische Fragen an Martin Hengel, in : *a. a. O.*, 1982 H. 6, S. 333 ff.

（7） 「私的と公的、宗教的と政治的、個人的と社会的とのあいだを固定的に区別することは、一面的に解消することのできない個人と社会との結びつきを見誤っている」（P. Hoffmann, *Eschatologie und Friedenshandeln*, 1981, S. 150）。なお、vgl. L. Ragaz, *Die Bergpredigt Jesu*, 1945, 3. A. 1983, S. 88 f.

（8） 山上の説教に関する文献は多数に上る（Cf. Kissinger, *op. cit*. p. 143–241）が、比較的新しい釈義的研究としては、vgl. E. Schweitzer, *Die Bergpredigt*, 1982; G. Strecker, *Die Bergpredigt. Ein exegetischer Kommentar*, 1984（『「山上の説教」註解』佐々木・庄司共訳、ヨルダン社）; H. Weder,

Die „Rede der Reden". Eine Auslegung der Bergpredigt heute, 1985. 現代的状況への適用という観点に立つ文献も、最近とくに多くなっている。たとえば、vgl. O. Böcher u. a., *Die Bergpredigt im Leben der Christenheit*, 1981; G. Bornè, *Bergpredigt und Frieden*, 1982 ; R. Schnackenburg, *Alles kann, wer glaubt. Bergpredigt und Vaterunser in der Absicht Jesu*, 2. A. 1985 ; F. Zeilinger, *Zwischen Himmel und Erde. Ein Kommentar zur „Bergpredigt" Matthäus 5–7*, 2002 ; M. Köhnlein, *Die Bergpredigt*, 2005.

（9） Vgl. K Sharf, Die Bergpredigt und die sogenannte christliche Politik, in: Ders., *Streit mit der Macht*, 1983, S. 100.

（10） G. Theißen, *Soziologie des Jesusbewegung*, 1977, S. 111（『イエス運動の社会学』荒井・渡辺共訳、ヨルダン社）。なお、一般に第一次大戦後における《山上の説教》の「平和への戒め」の釈義については、vgl. D. Wittmann, *Die Auslegung des Friedensweisungen der Bergpredigt in der Predigt der Evangelischen Kirche im 20. Jahrhundert*, 1984, S. 60 ff.

（11） たとえば先述のヘルムート・シュミットの場合、自己の《倫理的原則》としてウェーバーにおける《心情倫理》と《責任倫理》の図式を引照している。しかし、こうしたウェーバー的区別を「一括的に適用する」論理にたいしては、すでに平和運動の側からの批判がある。すなわち、核軍拡に反対する声は、その政策の《予見しうる結果》、つまり、核戦争の際の予想しえないカタストローフの危険、核弾頭の数を増やすことによる国土防衛の不可能性、それにともなう社会福祉政策の停滞などを《責任倫理》の観点から重大視しているのであり、自己の《心情》を純粋に保つためではない、ということである（Vgl. W. Kreck, Was heißt Verantwortungsethik? Kritische Anmerkungen zu einem Kanzler-Interview über die politische Verantwortung der Christen und Kirchen, in : *Blätter für deutsche und internationale Politik*, 1981 H. 5, S. 526 ff.)。

（12） M. Weber, Politik als Beruf, 1919, in : *Gesammelte Politische Schriften*, 3. A. 1971, S. 551–552（『職業としての政治』脇圭平訳、岩波文庫)。

（13） Weber, *a. a. O.*, S. 550–551.

（14） ウェーバーの《山上の説教》観にたいする批判について、とくに宮田、前掲書、七一一八頁、参照。

（15） Vgl. U. Duchrow, W. Huber und L. Reith (hrsg.), *Umdeutung der Zweireichelehre Luthers im 19. Jahrhundert*, 1975, S. 40 ; I. Tödt, Die Feinde lieben. Politik mit dem Gebot Jesu?, in : *Evangelische Kommentare*, 1981 H. 9, S. 504.

（16） Weber, *a. a. O.*, S. 559.

（17） 《祝福》の教えについても多くの文献がある（Cf. Kissinger, *op. cit.*, p. 242–275)。比較的新しい文献では、たとえば、vgl. P. Lapide und C. F. Weizsäcker, *Die Seligpreisungen*, 1980 ; I. Broer, *Die Seligpreisungen der Bergpredigt. Studien zu ihrer Überlieferung und Interpretation*, 1986. とくに、vgl. H. Falcke, Die Seligpreisungen der Bergpredigt und das gesellschaftliche Zeugnis der Kirche, in : *Zeitschrift für Evangelische Ethik*, 1984, H. 4, S. 376 ff.

（18） Vgl. Köhnlein, *a. a. O.*, S. 59 f. マタイによる福音書五章九節の《平和》が、たんに平和《愛好的》な心情から区別された平和を「実現する」能動性を含意することについては、たとえば、vgl. Strecker, *a. a. O.*, S. 43 f.; Schweitzer, *a. a. O.*, S. 19. なお、宮田光雄「神の平和と地の平和」(『平和思想史研究』思想史論集1、所収) 二一頁以下、三六頁、参照。

(19) Vgl. G. Eichholz, *Auslegung der Bergpredigt*, 1965, 3. A. 1975, S. 28. (『山上の説教』村上伸訳、日本基督教団出版局); Falcke, *a. a. O.*, S. 380. むしろ、ブローアーによれば、イエス時代のユダヤ教においては、《貧しい》と《心の貧しい》という言葉は同義的に用いられ、いずれも宗教的および社会的・経済的な両契機が含まれていたという (Vgl. Broer, *a. a. O.*, S. 69–75)。

(20) Vgl. H. R. Reuter, Bergpredigt und politische Vernunft, in: R. Schnackenburg (hrsg.), *Die Bergpredigt. Utopische Vision oder Handlungsanweisung?*, 1982, S. 64; Falcke, *a. a. O.*, S. 382 f. u. 388.

(21) 《祝福》の教えが釈義的には第一に《直接法》的性格をもつにせよ、そこでは、なお第二次的に倫理的要求の契機をもつことは争われえない (Vgl. Broer, *a. a. O.*, S. 98)。ブルームハルト父子については、とくに井上良雄『神の国の証人・ブルームハルト父子』(新教出版社)、参照。ブルームハルトの引用は、Chr. Blumhardt, *Von der Nachfolge Jesu Christi*, 1923, S. 49.

(22) Vgl. Chr. Frey, *Theologische Ethik*, 1980, S. 15.

(23) 《反対命題》の編集史的由来については、従来の研究でも解釈が分かれている (Vgl. Berner, *a. a. O.*, S. 209 f.) が、愛敵の教えそのものは「反対命題としての形式を別とすれば、イエスの宣教に属する」(Chr. Dietzfelbinger, *Die Antithesen der Bergpredigt*, 1975, S. 47) ことは疑いの余地をもたない。

（24） Vgl. O. Bayer, *Zusagte Freiheit. Zur Grundlegung theologischer Ethik*, 1980, S. 63 ; P. Noll, *Jesus und das Gesetz. Rechtliche Analyse der Normenkritik in der Lehre Jesu*, 1968, S. 19.「敵への憎しみ」の戒めについては、クムラン教団などユダヤ教セクトの規範に含まれていた。マタイの編集による敷衍だったとしても、それによって「ユダヤ教における愛の戒めの限定性」が示されていることは明らかである（Vgl. Strecker, *a. a. O.*, S. 90 f.）。

（25） 愛敵の教えは、イエスの倫理的ラディカリズムと普遍主義とにおいて、当時の宗教史的環境からの《独立性》と彼の人格の《無比性》とを示している（Vgl. Strecker, *a. a. O.*, S. 92 u. 184）。とはいえ、ユダヤ教やストア哲学の中に普遍的な愛の倫理の萌芽がなかったわけではないし、それがのちに原始キリスト教の伝播のため恰好の前提ともなったことを見逃すことはできない。とくに、vgl. M. Waldmann, *Die Feindesliebe in der antiken Welt und im Christentum*, 1902, S. 66 u. 179.

（26） これらの報復行動の放棄を、ルカは、その《平野の説教》では、正当にも愛敵の具体例として示している（ルカ六・二九）。これに反して、マタイは、ここで二つの反対命題に編集し直し、これらの行動をつぎの「一ミリオン行く」行動とともに第五の反対命題「悪人に手向かってはならない」の具体例とした。ただし、マタイの場合には、「右の頰」を——右手の甲でいっそう軽蔑をこめて——打たれる屈辱にも堪えよ、というイエスの命令のユダヤ的背景を正しく伝えている。これに反して、「あなたの頰を打つ者には、もう一方の頰をも向けなさい」というルカの一般化には、《異邦人キリスト者》としてのルカが、そうした連関を理解していなかったことを示している。同じことは、「上着を奪い取る者には、下着をも拒んではならない」というルカの順序にもあらわれている。マタイは、正当にも、夜間には抵当権を設定されない「上着」をも与えよ、というイエスの命令の徹底性＝意外性を伝えている（Vgl. Strecker, *a. a. O.*, S. 87）。

（27） Vgl. W. Huber, Feindschaft und Feindesliebe, in : *Zeitschrift für Evangelische Ethik*, 1982, H. 2, S. 139 f.; Schrage, *a. a. O.*, S. 335.《異化効果》について、ブロッホは、つぎのように記している。それは「押しのけること、ある過程や性格を習慣的なものから置きかえ、外すこと、としてあらわれる。そうしたものを自明のこととみさせないようにするためである。それによって、必要な場合には、目からうろこを落とさせること——教訓例、ただし、まさに間接的にのみ——である」。ブロッホは、さらにこう指摘している。「とりわけ肝要なのは、それによってまさに固有の疎外に気づかせられる、ということである」と。異化効果は「人間がそれによって当惑させられ、しかも正しく当惑させられる」ことによって、自己洞察という「弁証法的な逆転」を生むという（E・ブロッホ『異化』片岡・種村・船戸共訳、現代思潮社、一一一頁、一二〇頁以下）。

（28） ここで用いられている「強いる」という動詞（アンガリューエイン）は、古代ペルシアの伝令使が危険地帯において現地人を同伴させる徴発権から由来していた。占領軍のローマ兵士たちも、この権利を用いて、いわば人質を《生ける楯》として利用した。この観念は拡張解釈されて、時には荷物の運搬など、ユダヤ人に加える賦役労働の強制にも用いられている。たとえば福音書の中でも、キレネ人シモンにイエスの十字架を担がせた例（マタイ二七・三二）参照

(Vgl. Zeilinger, *a. a. O.*, S. 103 f.)。なお、vgl. Strecker, *a. a. O.*, S. 87 f.

(29) Vgl. Strecker, *a. a. O.*, S. 91 ; Waldmann, *a. a. O.*, S. 120 f. シュミットの《敵》解釈については、宮田光雄「政治における敵味方の論理」(前掲『平和思想史研究』所収)二三九頁、参照。シュミットは、敵‐味方の区別を政治概念のメルクマールとする反面、愛敵の戒めからキリスト教ないし教会の非政治的性格を引き出した。こうしたシュミット的基準に従って、ハンス・バリオンは、教会の政治的発言や政治的参加を批判する。そうした要求を教会が提起しえないのは、教会が政治的に中立だからというのではなく、まさに「敵‐味方の彼岸に立つ」《超党派性》をもつからだ、という。彼は、第二ヴァティカン公会議の『現代世界憲章』における教会の政治的責任の認識を教会の政治化として否定し去ろうとするのである。シュミット的政治概念の現代におけるイデオロギー的適用の一例といえよう(Vgl. Huber, *a. a. O.*, S. 136 f. なお、vgl. R. Reuter, Liebe eure Feinde, in : *Zeitschrift für Evangelische Ethik*, 1982, H. 2, S. 176 f.)。

(30) とくに、vgl. S. Meurer, *Das Recht im Dienst der Versöhnung und des Friedens. Studie zur Frage des Rechts nach dem Neuen Testament*, 1972, S. 64–70.

(31) たとえば古代ユダヤ史家ヨセフスは、紀元二六年におけるユダヤ人たちの成功した非暴力抵抗の歴史的実例を証言している。「ティベリウスによって総督としてユダヤへ派遣されたピラトゥスは、セーマイアーと呼ばれるカエサルの像を夜陰に乗じてエルサレムへもち込んだ。一夜明けると、このことはユダヤ人のあいだに大混乱を引き起こした。この光景に近づいた者たちは、彼らの律法が踏みにじられたことにびっくり仰天した。(律法は)町の中に像を置くことを禁じているのである。町の人々の憤りに、地方から出てきた大群集が合流した。彼らはカイサレイアのピラトゥスの許へ押しかけて、エルサレムから軍旗につけた像を運び出すこと、彼らの父祖伝来の定めを守ること、を嘆願した。ピラトゥスが拒絶すると、彼らは邸宅の周囲に身を投げ出し顔を伏せて五日五晩その場を動こうともしなかった。

そこで翌日ピラトゥスは大競技場の裁判席につき、そこから彼らに回答しようといつわって群衆を呼びこむ一方で、兵士たちには合図に従って武器をもってユダヤ人たちをとり囲むようにと指示しておいた。軍隊が三列になってとり囲むと、ユダヤ人は思わぬ光景に声を失ったが、ピラトゥスは、もし彼らがカエサルの像を受け入れなければ切り殺すぞ、と言って、剣を抜くよう兵士たちに合図した。するとユダヤ人たちはまるで打ち合わせてあったかのように、いっせいに身を伏せて首を曲げ、自分たちは律法にそむくよりは喜んで殺される覚悟だと叫んだ。ピラトゥスは激しい宗教心にびっくり仰天して、直ちに軍旗につけた像をエルサレムから運び去るよう命じた」（ヨセフス『ユダヤ戦記』第二巻、九・二―三、土岐健治訳、日本基督教団出版局）。

（32） ガンディと山上の説教との関わりについては、とくに、vgl. Kantzenbach, *a. a. O.*, S. 66 f. なお、vgl. M. M. Thomas, *Christus in neuer Indien. Reform-Hinduismus und Christentum*, 1989, S. 135 ff.

（33） ガンディの思想と行動については、たとえば、cf. M. K. Gandhi, *My Non-Violence*, 1960（『わたしの非暴力』森本達雄訳、みすず書房）; L. Fischer, *The Life of Mahatma Gandhi*, 1951（『ガンジー』古賀勝郎訳、紀伊國屋書店）; G. Sharp, *Gandhi wields the weapon of moral Power*, 1960.

（34） 以下の叙述については、とくに、cf. M. L. King, *Streid toward Freedom*, 1958（『自由への大いなる歩み』雪山慶正訳、岩波新書）。なお、cf. M. L. King, *Strength to love*, 1963（『汝の敵を愛せよ』蓮見博昭訳、新教出版社）。

（35） ガンディとキングとの関わりについては、とくに、cf. M. M. Thomas, The Significance of the Critique of Gandhian Presuppositions by Martin Luther King for the development of a Non-violent Strategy, in : T. Rendtorff und A. Rich (hrsg.), *Humane Gesellschaft . Beiräge zu ihrer sozialen Gestaltung*, 1970, S. 319 ff. なお、公民権運動の政治的分析については、vgl. H. Grosse, *Die Macht der Armen. Martin Luther King und der Kampf für soziale Gerechtigkeit*, 1971.

（36） キングの思想と生涯については、cf. L. Bennett, *What manner of man. A Biography of Martin Luther King*, 1964（『マーティン・ルーサー・キング――非暴力への遍歴』中村妙子訳、新教出版社）; W. R. Miller, *Martin Luther King Jr.. His Life martyrdom and meaning for the World*, 1968（『マーチン・ルーサー・キングの生涯』高橋正訳、角川文庫）。

（37） Vgl. Fr. v. Weizsäcker, Die intelligente Feindesliebe, 1980, in : Ders., *Der bedrohte Friede. Politische Aufsätze 1945–1981*, dtv-Ausgabe, 1983, S. 533–538.

（38） 《漸進主義》の軍縮構想と《一方的平和主義》については、とくに宮田「核の迷信からの脱却」（前掲『平和思想史研究』所収）参照。

（39） 彼らの行動の聖書的根拠には、当然のことながら山上の説教（マタイ五・三八－四八）があげられる（Vgl. *Ohne Rüstung leben*, hrsg. v. „Ohne Rüstung leben“ Arbeitskreis von Pro Ökumene,

1981, S. 10–18)。《一方的平和主義》では、なお、神の子の自己放棄《ケノーシス》(フィリピ二・六—八)にあらわれる神の受肉を一方的な《神の軍縮》としてとらえて根拠づける論理がとられることもある(Vgl. D. Sölle, *Aufrüstung tötet auch ohne Krieg*, 1982, S. 92『軍拡は戦争がなくても人を殺す』山下慶親訳、日本YMCA同盟)。

(40) K. Barth, *Die kirchliche Dogmatik*, Bd. IV/2, 1955, S. 622(『和解論』井上良雄訳、新教出版社)。なお、バルトのつぎの文章をも参照。「教会とキリスト者一人びとりに委託されていること(ローマ一二・二〇)は、(国家に委託されていることを見損うことなしに)、つぎのこと——同じものを同じものでもって報いる代わりに、同じでないものでもって報い、したがって、《敵》、彼の平和の提供を受け入れない人間とこのこと(彼がその人間を敵として認めず、真剣にとらず、重きをおかず、その人間にたいして、くり返し彼の敵となるような仕方で、敵としての生き方を貫くことを許さないということ)でもって戦い、克服すること——から成り立っている。彼はそのような人間にたいして、また政治的な秩序と無秩序にたいするその必然的な戦いの枠の中ででも、まさに敵となることはないであろう。……敵にたいしてではなく、悪にたいして、彼は交わりを拒む。まさにそれゆえにこそ、彼はまた敵との交わりをも求めるのである」(Barth, *a. a. O.*, Bd. II/2, 1942, 3. A. 1948, S. 80–81『神論』吉永正義訳、新教出版社)。

(41) *Kirche und Kernbewaffnung. Materialien für ein neues Gespräch über die christliche Friedensverantwortung. Die Handreichung der Nederlandse Hervormde Kerk*, hrsg. und übers. v. H. U. Kirchhof, 1981, S. 101–102(オランダ改革教会教書『教会と核武装』池永倫明訳、新教出版社)。

（42） Vgl. P. Kern und H. G. Wittig, *Pädagogik im Atomzeitalter. Wege zum Frieden*, 2. A. 1984, S. 144 ff. ウェーバー研究者G・ロートは、核時代においては平和運動をウェーバーの二つの倫理の観点から批判することが不可能になったとした上で、それを《歴史にたいする責任》（ウェーバー）として基礎づけうるという（Vgl. G. Roth, *Politische Herrschaft und persönliche Freiheit*, 1987, S. 219 ff.）。

（43） シュヴァイツァーの思想の全体像については、vgl. H. W. Bähr (hrsg.), *Albert Schweitzer. Sein Denken und sein Weg*, 1962. 神学者としての側面については、とくに、vgl. R. Grässer, *Albert Schweitzer als Theologe*, 1979.

（44） シュヴァイツァーの生涯については、さしあたり、cf. G. Seaver, *Albert Schweitzer. The Man and his Mind*, 1947（『シュヴァイツェル』会津伸訳、みすず書房）。《生命への畏敬》と平和思想との関わりについては、宮田「平和倫理としての生命への畏敬」（前掲『平和思想史研究』所収）参照。

（45） Vgl. K. Barth, *a. a. O.*, Bd. III/4, 1951, S. 397 f.（『創造論』吉永正義訳、新教出版社）。

（46） G. Gilch, Am Leben schuldig geworden. Christliche Erwägungen zu Tötung von Tieren, in : *Evangelische Kommentare*, 1976 H. 11, S. 677.　ギルヒは、「強制収容所まがいのニワトリの飼育」や実験の名による「動物の生体解剖」など、現代人があまりに無感覚に受け入れてきた事実を、あらためて問い直している（Vgl. *a. a. O.*, S. 672）。新しい研究として、とくに、cf. A. Linzey, *Animal Theology*, 1994.

（47） Vgl. B. Otto, *Schweitzers Beitrag zur Friedenspolitik*, 1974, S. 79 ff. なお、vgl. L. Watzal, *Ethik, Kultur, Entwicklung. Zur Entwicklungskonzeptionen Albert Schweitzers*, 1985, S. 71 ff.

（48） Cf. E. Fromm, *To Have or To Be?* 1976, Bantam Books ed., 1981, p. 43 ff.（『生きるということ』佐野哲郎訳、紀伊國屋書店）。山上の説教と《対抗文化》については、とくに宮田「新しい生き方を求めて」（『同時代史論』思想史論集7、所収）参照。

（49） Vgl. M. Machoveč, Der Sinn des Lebens, in : Ders., *Marxisten und Christen – Brüder oder Gegner?* 1978, S. 43 f. マホヴェッチは《主の祈り》についても論じている。「この黙示録的でも空想家的でもなく、きわめてラディカルに《未来から生きる》イエスの姿は、彼が《祈ること》を教えた仕方に、もっともよくあらわれている」といい、《御国を来たらせたまえ》の祈りについても、「ここでは、もっとも明瞭に未来が現実へと呼びかけられている。すなわち、未来は、われわれの事柄でもあるべきだ！」と注釈している（Ders., *Jesus für Atheisten*, 3. A. 1973, S. 104 f.）。

（50） バルトの最終講義『和解論』の倫理は、キリスト教的生の遂行を《主の祈り》の講解の形で講じている。すなわち神の恵みの行動に対応する人間の「応答的活動」として、《祈り》と《行動》との交互的な働きとして展開される。Vgl. K. Barth, *Das christliche Leben. Die Kirchliche Dogmatik, Bd. IV/4 (Fragmente aus dem Nachlaß. Vorlesungen 1959–1961)*, hrsg. v. H.-A. Drewes und E. Jüngel, 1976.（『キリスト教的生』天野有訳、新教出版社）。

（51） Vgl. P. Pokorný, *Der Kern der Bergpredigt. Eine Auslegung*, 1969, S. 44. なお、《主の祈り》の釈義については、vgl. E. Lohmeyer, *Das Vater-Unser*, 1946, 5. A. 1962 ; J. Jeremias, Das Vater-Unser im Lichte der neueren Forschung, in Ders., *Abba. Studien zur neutestamentlichen Theologie und Zeitgeschichte*, 1966, S. 152–171. なお、レオナルド・ボフ『主の祈り』（山田経三訳、教文館）、W・H・ウィリモン＝S・ハワーワス『主の祈り』（平野克己訳、日本キリスト教団出版局）参照。

（52） Vgl. Schnackenburg, *Alles kann, wer glaubt*, S. 87 f. には、カトリック側オブザーバーとしての観察が記されている。この会議の記録としては、M. Lehmann-Habeck (hrsg.), *Dein Reich komme. Bericht der Weltkonferenz der Mission und Evangelisation in Melbourne 1980*, 2. A. 1981.

（53） K. Barth, *Das christliche Leben. Kirchliche Dogmatik Bd. IV/4*, hrsg. v. H. -A. Drewes und E. Jüngel, 1976, S. 454.《神の国》をめぐる「互いに効果を弱めあう、もろもろの発見や解釈や結論からの積極的な打開策をカール・バルトは探求した」（*Die Bedeutung der Reich-Gottes-Erwartung für das Zeugnis der christlichen Gemeinde. Votum des Theologischen Ausschusses der Evangelischen Kirche der Union*, 1986, S. 46–47）。「希望を抱きながら生きる人間であるということこそ、私たちが心の冷えたこの世界から救い出されていることを指し示しています」（ウィリモン＝ハワーワス、前掲書、一一四頁）。

（54） H. J. Kraus, *Systematische Theologie im Kontext biblischer Geschichte und Eschatologie*, 1983, S. 561.

（55） Kraus, *a. a. O.*, S. 18.

（56） 「われわれは、現代にたいする、つまり、今日と明日とにたいする希望なしに、《御国を来たらせたまえ》と言うことはできない。大文字による大いなる将来は、小文字による将来でもある」（K. Barth, *Das Vaterunser nach den Katechismen der Reformation*, 1965, S. 69）。

（57）Vgl. E. Cardenal, *Das Evangelium der Bauern von Solentiname. Gespräche über das Leben Jesu in Lateinamerika*, 1980, S. 100（『愛とパンと自由を』伊藤紀久代訳、新教出版社）。なお、vgl. G. Borné, *Widerstand und Glück. Betrachtungen zum Vaterunser*, 1982, S. 43 f..

（58）Zitat. nach : *Das Vaterunser. Predigten – Gottesdienstentwürfe*, hrsg. v. H. Nitschke, 1987, S. 46.

2　兵役拒否のキリスト教精神史

良心的兵役拒否の伝統は、キリスト教精神史とともに古い。

良心的兵役拒否とは、一般的にいえば、国家や社会の迫害にさらされながらも、みずからの信ずるところに従って、武器を手にする戦争への参加を拒否する行為を意味する。それは、たんなる厭戦感情とか、消極的な動機からする兵役忌避とは異なり、流血と戦争にたいする反対という明確な良心的決断に貫かれている。このように規定することは、むろん、良心的根拠にもとづく行動のみを英雄主義的に賛美しようというのではない。みずからの殉教も厭わないで、他者の生命を殺すことを拒否する、《積極的な》動機づけに注目しようというのである。

キリスト者が兵役を拒否するとき、それはしばしば、新約聖書の権威にもとづいて発言されてきた。しかし他方では、戦争がキリスト教的に弁証されるとき、イエス自身の言葉を援用することも稀ではなかった。したがって、兵役拒否の精神史を、まずイエスとの関わりから考えてみることにしよう。

1　イエスと兵役拒否

イエスと非暴力

その場合、福音書をみても、たしかに、兵役の禁止がはっきり明言されているわけではない。しかし、イエスの精神が、いっさいの暴力を否定し、およそ戦争や軍事につながるあらゆるものと無縁なことは否めないであろう。それは、山上の説教にあらわれた《愛敵》の教えに端的に示されている。「敵を愛し、自分を迫害する者のために祈りなさい」（マタイ五・四四）というイエスの教えは、けっして個人的な人間関係や同国人のあいだに限られていない。イエスにとって《隣人》愛の妥当する範囲が民族の壁を越えて延長されていたように、この《愛敵》の対象も、同じように拡大されていたのだから。

しかも、この教えが、当時、ローマ帝国の桎梏からの解放を求めて武器を手にとろうとする宗教的ナショナリズムの誘惑が大きかった時代と風土（ガリラヤ！）の只中で語られていたことを忘れてはならない。荒野における誘惑の物語（マタイ四・一―一一）が暗示しているように、イエス自身、新しいダビデ、第二のアウグストゥスという《権力支配的人間》（E・シュタウファー）への岐路に立たされていた。しかし、十字架の死にいたる苦難の僕《しもべ》としての生涯は、イエスの道がついに権力と暴力とは無縁であったことを証ししている。

このイエスを主と告白する原始キリスト教は、たしかに、ユダヤ教のメシア待望の土壌の上に成立した。しかし、キリスト教のメシア観は、ユダヤ教におけるメシアニズム的戦争観の否定を最大の特色とする。キリスト教は、軍事的解放をめざすゼーロータイ的抵抗運動からは、はっきり区別されなければならなかった。

ひと頃、ボリビアの革命運動のプラカードに、ステロタイプ的なユダヤ人の風貌をしたイエスが自動小銃を握って突撃する姿が描かれていると伝えられた。そのタイトルには「戦友イエス」と謳われていたという。不正と抑圧に暴力をもって反抗する革命家イエスという、こうした見方は、すでに古くは、ヘルマン・S・ライマールスに始まり、カール・カウツキーを経て、ジョエル・カーマイケルにいたる長い伝統がある。

このイエス像を裏づける証拠としてよく引き合いに出されるのが、福音書における宮潔めの物語である。とくにヨハネによる福音書の伝える「縄で鞭を作り、羊や牛をすべて境内から追い出し、両替人の金をまき散らし、その台を倒し」(二・一五)て暴力を振るうイエスの《行動》が言及される。従来、このテキストは、じつはイエスを暴力革命の先駆者とみる左翼的解釈にとってだけでなく、いっそう多く兵役や戦争を正当化しようとする好戦論者の口実にも利用されてきた。イエスは、けっして無気力な平和主義者でも、原則的な非暴力主義者でもなく、正義のために鞭を振るう人であった、というわけである。

たしかに、ここには、聖なるものの冒瀆と悪にたいするイエスの激しい怒りがあらわれている。しかし、あくまでも鞭は鞭であり、小銃やいわんや原爆とのあいだには大きな相違がある。鞭は、ユダヤ教的伝統によれば、メシア的権威を象徴するしるしであった。それは、けっして攻撃的兵器ではない。しかも、厳密にみれば、イエスの《暴力的》な動作は、直接的には「両替人の金や」「その台」に向けられ、人間にたいして暴力が行使されたわけではない。むしろ、イエスは、宮で商いや両替をする人びとにたいし、同時にまた、神殿に寄生して利潤をむさぼる宗教貴族層にたいして、いわば《預言者的デモンストレーション》（M・ヘンゲル）として振る舞ったのであろう。

それは、おそらく暴力的行為という名に値するほどの行為ですらなく、そこでは、イエスの《言葉》が中心的な役割を演じたのではなかろうか。彼ら商人たちは――それも彼らのすべてではなかったであろう――イエスの権威ある言葉に打たれ、その怒りの正当さを認めて逃げ出したのであった。もしもイエスや弟子たちによって集団的暴力が行使されていたならば、直ちに神殿警察やローマ駐屯軍の介入をうけたことだろう。ここには、むしろ、暴力によっては成功しえない状況でも、武器を帯びない道義の力がなお勝利しうることが示されているといってもよい。それは、このテキストから、非暴力主義にたいする反論を引き出すのと少なくとも同等の権利で、非暴力の肯定論を読みとることを許すであろう。

しかも、いま一つ興味深い論点がある。この場面を伝えた別の福音書では、イエスは預言者イザヤの言葉（イザヤ書五六・七）を引いて、いまや「強盗の巣」と化した宮を「すべての国の人の祈りの家」とすべきことを求めている（マルコ一一・一七）。エルサレムの異邦人の庭で行なわれたイエスの宮潔めは、他国人を垣の外にとどめた国粋的なユダヤ教的礼拝の終焉を告知するものであり、いわばインターナショナリズムに開かれた行動であった。しかも、軍事的メシアによって異邦人の手からエルサレムの宮を浄化したいというゼーロータイの人びと――彼らは「強盗」のあだ名で呼ばれた！――の待望とは逆に、イエスは、ここで異邦人のためにこそ宮潔めを望んだのであった。

イエスと剣の比喩

しかし、イエスの《言葉》の中には、戦争ないし武装に関連するものも少なくない。

たとえば、マタイによる福音書（一〇・三四）のつぎの言葉をどう解釈すべきだろうか。

「わたしが来たのは地上に平和をもたらすためだ、と思ってはならない。平和ではなく、剣をもたらすために来たのだ」。

イエスは、キリスト教の運命に戦争の不可避性を予見しているのだろうか。ここでは、しかし、「剣」は、明らかに比喩的に用いられている。先の引用につづけて言う。

「わたしは敵対させるために来たからである。
人をその父に、
娘を母に、
嫁をしゅうとめに。
こうして、自分の家族の者が敵となる」（マタイ一〇・三五―三六）。

このイエスの言葉は反語的であり、ヘブライ的慣用法に従って、引き起こされる結果をあたかも意図された目的であるかのように表現している。イエスの到来は家族の分裂を目的とするのではなく、その到来の結果として家族が分裂するにいたるであろう、というのである。「わたしよりも父や母を愛する者は、わたしにふさわしくない」（マタイ一〇・三七）という聖句が、その本来の理由を説明している。

冒頭にある「剣」とは、戦争よりも、もっとも身近の者とのあいだにすら福音のゆえに生まれる「分裂」（ルカ一二・五一）を指している。つまり、それは、イエスの弟子たちが主に従おうとするとき招かざるをえない、世からの迫害と憎悪のことであろう。じっさい、この「剣」は、キリスト者がその良心の命ずるままに、イエスの教えに忠誠であろうとして兵役を拒否するるとき、社会から非難され、自分の家族からも疎外される孤絶の姿を暗示するものにほかならない。

いっそう解釈が困難なのは、ルカによる福音書（二二・三六）の物語である。

「しかし今は、財布のある者は、それを持って行きなさい。袋も同じようにしなさい。剣のない者は、服を売ってそれを買いなさい」。

このテキストの含む軍事的表現は、しばしば、イエスの平和の精神に矛盾するものとして良心的な聖書注解者を悩ましてきた。ここで「剣」の意味するのは、おそらく、あらゆる手段をもって福音を守る決断的状況の比喩であり、イエスは、そうした戦闘的決意が切迫していることを弟子たちに訴えかけていたのであろう。愚かな弟子たちが、それを文字通り真に受けて、「二振りの剣」を示したとき、イエスはこの話を打ち切った、「それでよい」と。そこには、明らかにアイロニカルな調子を聞きとりうるのではなかろうか。それは、武装準備にたいする満足の表明ではなく、むしろ、本題についての悲しむべき断念を示しているように思われる。

中世カトリシズムの教会は、この二振りの剣の物語から、アレゴリー的解釈によって、この世にたいする霊的および世俗的な支配権力のための《両剣論》の教義をつくり上げた。それは、イエスの弟子たちの愚を、いっそう大きな規模でくり返したものというべきであろう。最近の解釈では、当時、ユダヤ教の中でも厳格主義的な戒律を重んじたエッセネ派のあいだでは、仲間が旅に出かけるとき、盗賊の襲撃に備えて武器をたずさえることは許したという。イエスの弟子たちの中にも、ガリラヤからエルサレムへの途上に剣をたずさえていこうとした者があったのかもしれない。つまり、イエスの言葉も、そうしたエッセネ派的慣習にならうのを差しつかえないとしたにすぎないのではなかろうか、というのである。

たしかに、このテキストは、細部について具体的にかならずしもはっきりしない点を残している。弟子たちとの問答の後、ゲツセマネの場面では、剣を振るったペトロにたいして、マタイによる福音書にあるような明確な拒絶の言葉――「剣をさやに納めなさい。剣を取る者は皆、剣で滅びる」（マタイ二六・五二）――は、ルカ福音書には記されていない。しかし、その代わりに、ペトロによって右耳を切り落とされた大祭司の手下について、イエスがその傷を癒したことを伝えている。

すなわち、ルカは、イエスが「暴力行動の引き起こされる前のままの状態に戻した」（M・ヴェッター）こと、迫害者の傷をも癒す《愛敵》の行動を強調している。そこでは、殺害から身を守る手段としての暴力が回避されていること、イエスが軍事的な抵抗を肯定したり命じたりしたのでないことだけは明瞭であろう。

こうしてイエスは、たしかに、自分のために軍事的に防衛することはしなかった。しかし、「友のために自分の命を捨てること、これ以上に大きな愛はない」（ヨハネ一五・一三）と語っている。他者のため、同胞のためにみずからの生命を捧げて兵役につくことは、むしろ、イエスの愛と犠牲の精神にふさわしいのではないだろうか。しかし、イエスはここで、眼前に迫ったみずからの十字架を見すえながら語っているのである。それは、人間と神との和解のために、みずからを犠牲とする苦難の主としての歩みである。

ここから、祖国のための《死の犠牲》を宗教的に聖化する論理を思いつくことは大きな誤りではなかろうか。十字架を引き合いに出して《軍神》を語ることは、キリスト教的冒瀆に近い。じじつ、兵士たちが軍事的訓練や教育において第一にめざすのは、あくまでも自分を守り、相手を殺すことでしかない。戦場で示される自己犠牲や理想主義のゆえに、人間を大量殺戮機構の歯車に投げこむ兵役や戦争の体制とイエスの犠牲を同一視することは不可能である。

しかし、最後の反論として、少なくともイエスは兵士の職業そのものを否定してはいないのではなかろうかという疑問がある。たしかに、新約聖書には、しばしば兵士や百人隊長たちが登場しているが、彼らは別に武器を捨てよと命じられてはいない。洗礼者ヨハネのもとに来た兵士たちは「だれからも金をゆすり取ったり、だまし取ったりするな。自分の給料で満足せよ」（ルカ三・一四）と言われているだけである。カファルナウムの百人隊長のように、イエスから賞賛された軍人もいる。むろん、イエスの賞賛したのは百人隊長の信仰であって、その職業ではない（マタイ八・一〇）。ルカは同様に、イエスが徴税人ザアカイの熱心な信仰的関心を──その職業とは無関係に──賞賛した事実を伝えている（ルカ一九・一─一〇）。

したがって、こうした物語は、兵士の身分を賞めたり容認したりするために語られたのではない。彼らが兵士であったのは、物語にとって副次的意味しかなかった。しかし、それは後世、しばしば、兵士の職業を正当化するために利用されてきたのである。たとえばナチ時代のドイツ国防軍の中にあったキリスト者将校の団体は、《コルネリウス兄弟団》と称していたという。これは、使徒ペトロから受洗した信仰篤いカイサリアの百人隊長コルネリウスの名前からとられたものだったことは明らかである（使徒言行録一〇章、参照）。

こうしてみれば、イエスの言葉を前後の文脈や聖書の宣教全体から切り離して引用することは、誤りを生みやすい。そのことは、兵役拒否の賛否両論について当てはまるであろう。しかし、イエスにおいて啓示された神の愛と救いとを信じ、みずからも経験したキリスト者には、愛敵と暴力拒否の倫理が自明のものとなるであろう。それは、けっして消極的な事なかれ主義や現状肯定ではない。むしろ、積極的な「平和を実現する人」としての使命である。

「平和を実現する人々は、幸いである、
その人たちは神の子と呼ばれる」（マタイ五・九）。

平和が暴力によってつくり出されるものであれば、当時、地中海世界に《ローマの平和》を打ち立てたアウグストゥスは、最大の「平和を実現する人」だったことになるであろう。じじつ、ローマ皇帝が《神の子》と呼ばれていたのは、けっして偶然ではない。そうであってみれば、ますます、この高い役割をイエスが無名のガリラヤの漁夫たち、こころ貧しく無力で柔和な人たちに帰したのは、まことに驚くべき逆説であった。重武装によって守られた《ローマの平和》は帝国の外形を維持するだけにすぎない。しかし、キリスト者の内側に築かれる《神の平和》は、暴力なき愛敵の精神において兵役拒否の倫理を生み出さずにはいないであろう。

2　古代教会の兵役拒否

キリストの兵士

コンスタンティヌスによるキリスト教公認以前の時代には、古代教会は、おしなべて平和主義の立場を貫いている。およそ紀元一七〇―一八〇年頃まで、兵役の問題は、教会にとって何らの争点とならなかった。

ローマ帝国には、一般的な兵役義務は存在しなかったし、帝国内の人口と比較すれば、兵役につく者の数も多くはなかった。軍隊は、それを職業として志願する人びとから構成され、下層の市民も一般には容易に兵役をまぬがれることができた。非常な危急に際してのみ、強制的に兵役に服させられた。部隊の中に大きな欠員が生じたとき、例外的に剣闘士や奴隷、蛮族たちから補充された。こうして、受洗したキリスト者が兵役につかないという古代教会の原則は、何らの困難も見いださなかった。

初代のキリスト者が兵役を拒否した理由として、教会史家アードルフ・フォン・ハルナックは、つぎのようなものをあげている。兵役は何よりもまず戦闘にたずさわる職業であり、キリスト者にとって戦争と流血とは原則的に否定されるということである。将校は、ときには死刑の判決を下さねばならなかったし、兵士は、こうした命令を遂行しなければならなかった。また兵士としての無条件的な誓約は、神にたいする絶対的服従の義務に抵触した。そのほか、軍隊内における皇帝礼拝や異教的儀式の習慣にたいする反対も、無視できない要因であった。さらに消極的理由として、帝国にたいする強い国家意識の欠落したことを付け加えることもできよう。

初代キリスト者は、自己の内的本質にとって疎遠でありしばしば敵意さえみせたこの帝国の中で、真の国籍を天にもつ者として、来たるべき神の国を待望しつつ生きていた。二世紀の代表的なキリスト教批判者ケルソスは、キリスト者の兵役拒否を非愛国的態度として非難している。彼らの兵役拒否によって皇帝は孤立無援となり、帝国はもっとも無法な蛮族の手に帰するではないか、というのである。しかし、殉教者ユスティヌス（ —一六一年）は皇帝に向かって指摘する。キリスト者の待望するのは地の国ではなく天の国であり、それは、イザヤの預言したとおり平和の国であろう。「われわれは己れの敵とは戦わない。むしろ、キリストのために喜んで死をも忍ぼう」と。

この連関において、ハンス・R・ウェーバーは、古代教会で多用された軍事的用語に注目している。たとえば、キリスト者は、しばしば《キリストの兵士》（milites Christi）と呼ばれ、教会は《主の陣営》として語られている。つまり、キリスト者の生活や宣教のための闘いは、キリストを王とする軍隊に参加して兵役に服することと理解されているのである。その場合、キリスト者となる洗礼は、この戦闘の教会への入隊式であり、主イエス・キリストに忠誠を捧げる兵士の宣誓にほかならない。じっさい、教会の聖礼典を意味するサクラメントという言葉は、元来、ローマ軍隊の兵士が皇帝に忠誠を誓う《宣誓》（sacramentum）という軍隊用語から転用されたものであったという。旧約聖書においては、神に背く不信仰の罪は、しばしば預言者から

《姦淫》にたとえて批判されているが、古代教会においては、それは《脱走》にたとえて戒められているのである。

もっとも、こうした軍事用語の転用過程を通して、教会生活の中に、しばしば非聖書的な軍隊イメージが混入してくることは避けがたかったように思われる。たとえば、キリスト者を兵士にたとえるだけにとどまらず、さらにそこから、指揮官としての長老や監督にたいする絶対服従が引き出されてくる。こうして初代カトリシズムの階層制度が軍隊との類比によって基礎づけられるとすれば、明らかに問題であろう。

いずれにせよ、前出のユスティヌスのしばらくあとに書かれたと推定される『パウロの殉教』の伝説は、初代キリスト教迫害の中で、しだいに英雄譚的脚色を強めながら《キリストの兵士》について物語っている。

ネロの酌人の一人パトロクルスが使徒パウロによって回心させられ、それを皇帝に告白した。キリストこそ万代の王であり万国を滅ぼすであろう、と。ネロは言う。「パトロクルス、お前までがあの王の兵士になったのか」。彼はそれを認める。皇帝の前に立った他のキリスト者たちもいっせいに言う。「われわれも兵士として、あの万代の王に仕える」と。そこでネロは、あの偉大な王の兵士たちを探索することを命じ、そして見つけたキリスト者をすべて殺すようにと付け加える。

さて、パウロもネロの前に連行されてきた。ネロは彼に向かって詰問する。「偉大な王の臣たる君は、なぜ、ひそかにローマ帝国に潜入し、わが支配に服する者どもから募兵することを思いついたのか」。パウロは答える。「あなたの小なる帝国からのみでなく、われわれは全世界から集める。それは、わが王のために兵役につこうと決意する者をただの一人も残さぬように命じられているからである。というのは、われわれは、あなたがたの信ずるように、この世から来た王の兵士ではなく、天より来る王の兵士なのだから」と。

兵役拒否の論理

しかし、ユスティヌスの数十年後には、すでにマルクス・アウレリウスの軍隊の中にキリスト者がいたことが記録されている。それは、おそらく多くはなかったであろう。しかし、存在していたのである。たしかに、福音が軍隊の中にも広められ、荒々しい兵士たちを信仰者に変えたことは、古代教会にとって喜ばしい勝利の出来事でもあった。キリスト者になってのち、おそらく彼らのかなりの数の者は軍籍から離脱した。しかし、それは一般的なルールではなかった。たいていの者は、そのまま軍隊にとどまった。二つの条件のもとに。それは、第一に、何らの軍事的行動にも参加しないこと。第二に、一般兵士の身分にとどまり、責任ある指揮官的ポストにつかないことであった。

そこから、たとえばアレクサンドレイアのクレメンス（一五〇年頃―二一一年）の兵役にたいする両義的態度が出てくるであろう。彼は、一方では、キリストがその「御言と御血とをもって、けっして流血することのない軍隊」、平和の兵士たちを集められると語っている。しかし、他方では、キリスト者となった兵士たちにたいして、上官に服従し、略奪や残虐な行為から遠ざかるように警告することで満足する。彼は、その場合、兵士たちにたいする洗礼者ヨハネの言葉を援用する。こうして、彼らは兵士のままとどまってもよい、というわけである。

ここには、教会員大衆に直接的に責任を負う人びとが、彼らの信仰告白を正しい内的路線に従わせるとともに、できる限り危険にさらさせることを避けようとする基本的姿勢があらわれている。つまり、信仰者としての使命にたいする裏切りを厳しく拒否しながら、他方では、許される可能性のギリギリの限界まで妥協をはかろうというのである。

しかし、この時代の指導的な教父たちは、断固とした発言をさしひかえなかった。たとえば三世紀はじめのオリゲネスは言う。「われわれは、もはや民に向かって剣をあげず、重ねて戦いのわざを習わない。われわれを導くイエスによって平和の子となったからには」。彼は、先にあげたケルソスの非難に答えて言う。「すべてのローマ人が信仰をもつなら、彼らは〔神への〕祈りと願いとによって敵に打ち勝つにいたるであろう。いな、むしろ、神の力に守られるがゆえに、彼らは、そもそも戦うべき敵をもたなくなるであろう」と。

オリゲネスによれば、キリスト者はその祈りによって、戦争を引き起こし平和を破壊する悪の霊に打ち勝つゆえに、戦場の兵士たちよりも大きな奉仕をするのである。「たしかに、われわれは、王とともに戦いの野には赴かない。たとえ彼がそれを要求するとしても。しかし、われわれは、神への祈りによって独自の軍隊、信仰の軍隊をつくり、それによって王のために戦うのである」。

このはじめの言葉には、ほとんど革命的な響きがある。それは、人に従うよりも神に従うことを決意した初代キリスト教の殉教者的系譜に立つものであろう。しかし、他方では、すでに後半の言葉に、《ローマの平和》を守る帝国の支配権にたいする肯定がはっきりあらわれている。

もっとも尖鋭な兵役拒否の論理は、テルトゥリアヌス（一六〇年頃—二二二年以後）に見いだされる。彼自身、軍人の子として生まれながら、軍国主義を批判した古代最大のキリスト教護教家となった。

テルトゥリアヌスは、問題をきわめて原理的にとらえている。「兵士がどのように行動すべきか、何が許され何が許されないかを論ずることは無意味である」。剣をとる者は剣にて滅ぶと主が言われた以上、剣で事をかまえることは許されるであろうか。法廷に訴えることさえ禁じられている平和の子が、戦うことなど許されるであろうか。不法を身にうけても復讐することの許されない者が、人を捕縛し、監禁し、拷問し、処刑することが許されるであろうか。テルトゥリアヌスにとっては、キリスト者が兵役につくことが許されるか否かは、もはや問題ではない。むしろ、兵士たる者はキリスト教に入ることを許されるか否かこそ問題なのである。その答えは、はっきりした否定であった。

「神への誓約と新兵の旗盟、キリストの旗幟と悪魔の旗幟、光の陣営と悪魔の陣営とは一致しえない。一つの魂は二人の主、神と皇帝とに兼ね仕えることはできない。たしかに、旧約のヨシュアやその他の人びとは戦った。しかし、われわれは、もはやそれを引き合いに出すことはできない。主が剣をとり去られたというのに、それでもなおキリスト者が戦い、いや、じっさい、平和時においてさえ兵士であることが許されるであろうか。許されない職業のしるしであるどの制服も、われわれのあいだでは禁じられる」。

こうして、テルトゥリアヌスにとって、兵士がひとたび受洗してキリスト者となるなら、直ちに軍籍を離脱するか、それが阻止されるなら、信仰が同様にキリスト者市民に要求する同じ苦難を神のために引き受けるべきである。兵士であることは、罪にたいして刑罰をまぬがれ、あるいは殉教をまぬがれさせる理由とはならないからである。キリスト者は、どこにおいても同じである。ただ一つの福音があり、イエスはつねに同一である。

「兵士たるキリスト者に例外的地位を認めようとすれば——じっさい、拷問の苦悩の中でも、キリスト者みんなから信仰を公的に告白することが求められているのに——洗礼の誓いは、その本質的内容を無力にされることになるであろう」。

同じく、三世紀半ばに殉教の死を遂げたカルタゴの司教キプリアヌスも、明確に兵役を否定する。彼はテルトゥリアヌスを尊敬して、《師》の書を繙くことを日課としていたという。「地の表は、互いに流された血によって汚されている。殺人は、個人が行なうときは犯罪となるのに、国家が命じるときには勇敢とされる」。のちになっても、なお彼はこう論じている。「キリスト者は人を殺すことを許されていない。むしろ、みずから殺されねばならない」。

同じく、四世紀はじめのビテニアの教父ラクタンティウスも、第五戒について論じている。

「神が殺人を禁じられるとき、それは国法に違反する強盗殺人を禁ずるのみでなく、人間のあいだで合法とされる行為をも止めるよう戒めている。……それゆえ、この神の戒めには、何らの例外も認められない。人を殺すことはつねに罪であり、神は人間の尊厳性が不可侵であることを欲したもう」と。

われわれは、こうした厳しい兵役拒否の発言の中に、山上の説教に示されるイエスの倫理が古代教会史を通じて文字通りに追い求められてきたのを跡づけることができよう。

兵役拒否と殉教

古代教会が兵役拒否を明確に打ち出していた頃、キリスト教信仰と職業軍人としての立場とのあいだの矛盾は、一人びとりのキリスト者に厳しい態度決定を迫ることになった。彼らの多くは、それを信仰の服従にたいする実存的な問いとして受けとり、軍籍を捨てた。たとえば《教会史の父》として知られるカエサリアの司教エウセビオス（二六三年頃―三三九年）は、一人の将校セレウコスについて伝えている。彼は軍隊勤務を通して名声を得、目ざましい昇進を遂げた。しかし、キリスト教に回心してから、率直な信仰告白と激しい殴打を耐え抜くことによって賞賛を博し、幸いにも将校のポストから解任されることができた。それ以後、彼は《キリストの兵士》として身寄りのない孤児や淋しい寡婦たちをいたわり、貧困と病に苦しむ人びとのために献身して、最後には殉教の死を遂げた。

セレウコスはキリスト教の信仰ゆえに殉教したが、彼と同じく軍籍を捨て、あるいは強制された兵役につくことを拒んだキリスト者の中には、その兵役拒否のゆえに殉教者となった者が少なくない。じっさい、この時代の数多くの殉教物語の中で、兵士の殉教の例は中心に立っているといわれる。　兵役拒否は、彼らにとって神への回心、つまり、あらゆる王の王にたいするまったき服従と献身とを示す行為にほかならなかった。

その拒否のモティーフには、しばしば、「わたしはキリスト者であり、わたしの王のために兵役を果たす」ということが示されている。それゆえ、「わたしがすでに捨てたこの世のために兵役を果たすのはふさわしくない」。「わたしはキリストの兵士であり、戦うことは許されていない」。「血の剣を投げ捨てたのは、平和の剣を身に帯びるためなのである」。それまで何ら疑われることなく、勇敢な戦闘を通して名誉とされた軍人生活は、いまや「空しい兵役での誤った路」とされるにいたった。

北アフリカの属州ヌミディア出身の青年マクシミリアヌスの殉教を伝える物語は、多くの教会史家によっても信頼しうる記録と見なされている。マクシミリアヌスの父は退役軍人であり、それゆえ息子たる彼には兵役義務があった。彼がキリスト者として兵役を拒否したとき、総督ディオンのもとに引き出された。二人のあいだに交わされた尋問のやりとりから引いてみよう。

ディオン　「軍務につくがよい。さもなければ生命を落とすことになるだろう」。

マクス「わたしはこの世の軍隊でなく、神の軍隊に仕えます」。

ディオン（かたわらの役人に向かって言う）「兵士の記章〔首にかける皇帝像のついたメダル〕を彼に与えよ」。

マクス（それを拒否しながら）「私はこの世の記章を受けとりません。私はキリスト者です。私は鉛の記章を首にかけることは許されません。私は、すでに救いを告げるわが主イエス・キリストのしるしを身に帯びているからです」。

ディオン「われらが主君の護衛兵の中にも、軍務につくキリスト者がいるではないか」。

マクス「彼らは、自分たちがどうすればよいか自分で知らねばなりません。しかし、この私はキリスト者として、何ら悪事をすることができないのです」。

ディオン「軍務につく者が、どんな悪事をするというのか」。

マクス「彼らが何をしているか、あなたはよく御存知です」。

ディオン「軍務につけ。拒否しつづけるなら、お前のためにならない」。

マクス「私は滅びることはありません。たとえ私がこの世を去っても、私の魂はわが主キリストとともに生きています」。


こうしてマクシミリアヌスは、二一歳の若さで殉教の死を遂げた。彼は、のちに教会によって聖人とされ、今日、カルタゴの司教キプリアヌスの墓の近くにその墓がある。

これらの兵役拒否者たちはみな、「だれも、二人の主人に仕えることはできない」（マタイ六・二四）という山上の説教のもとに立っていた。彼らにとって我慢ならなかったのは、軍務の遂行にあたってしばしば直面した皇帝礼拝そのものではない。むしろ、兵役にともなう皇帝への絶対的な拘束であった。現世にたいするこの絶対的な結びつきは、神への無条件的な結びつきを疎外するであろう。「あなたには、わたしをおいてほかに神があってはならない」（出エジプト記二〇・三）という戒めから兵役拒否の決断が引き出されてきた。

しかし、皇帝に犠牲を捧げることを拒否するだけでは十分でない。「殺してはならない」（同二〇・一三）という戒めもまた、そこに生きている。殺すことが人を神なき者とするのではない。神なき者が、神をもたないがゆえに人を殺すのである。暴力を否定し愛敵を説く福音は、その愛する神の似姿である人間にたいする畏敬を求める。

こうして三、四世紀の古代教会の証言は、兵役拒否がキリスト者の外的行為からではなく、その内的存在からこそ理解されねばならないことを教えている。のちの世紀において帝国と軍隊と融和した教会は、その教会暦から殉教兵士たちの名前をすべて抹消し、キリスト教的軍隊にたいする望ましくない影響を避けようとつとめた。しかしなお、こうしたキリスト教的兵役拒否と、それから生まれた兵士の殉教者たちの記憶を完全に蔽い尽くすことはできなかった。

古代教会の兵役反対は、おそらく現在残されているキリスト教的兵役拒否の記録から読みとられるよりは、実際には、さらに強力であったと推定することができよう。

コンスタンティヌス体制

キリスト教と兵役拒否の問題についてラディカルな転換が始まったのは、すでにコンスタンティヌス帝治下においてであった。コンスタンティヌスがティベル河ミルヴィウス橋頭にマクセンティウスと戦ったとき（三一二年）、彼は、キリストのイニシアルをもった十字架を軍旗に掲げることを決意していた。それは、キリスト教を寛容するのみならず、他の宗教にたいしてキリスト教の優位を保証することを意味していた。

むろん、このコンスタンティヌスの政策転換には、異教的および機会主義的モティーフも働いていた。キリスト教の側に投じたことは、すでに当時、軍隊内においてキリスト者の兵士の占める比重が大きくなっていたことを示すものであろう。コンスタンティヌスのキリスト教への関心は、こうしたキリスト者の存在が彼の権力闘争における潜在的な同盟者として映ったときに目覚めたのであった。それは、彼らの数の多さのみでなく、迫害期を通してコンスタンティヌス自身が確認しえたキリスト者の勇気や献身からも触発されたのであろう。彼は、この新しい同盟者を自己の側に確実に引き寄せるために、ついに公然と回心した。キリストの神と古い神々とそのいずれがより偉大であるかは、戦場において立証されるはずであった。

コンスタンティヌスの勝利によって、《勝利者キリスト》の神が、いまや軍神として、戦勝の神として啓示された。じっさい、異教からキリスト教への世界史的転換は、まず軍隊内において始まった。ここから、キリスト教の公的承認への途が開かれたのであった。いまや、《キリストの兵士》と兵役とのあいだに引かれた境界は撤去された。キリストの兵士は、実際に皇帝の兵士となり、平和の兵士に代わって戦いの兵士が出現した。エウセビオスは、その『教会史』（第九巻一〇章）において「神に愛せられた皇帝の勝利」を讃え、その敵対者の敗北を「神無き者」、「信仰に敵する者」の悲惨な死の姿で対照的に描いている。

コンスタンティヌス帝の即位とともに、教会史上の平和主義の時代は終わりを告げた。コンスタンティヌスのあたえる保護と特権とにたいする感謝から、教会は兵役につくキリスト者が軍隊にとどまることを求め、さらには古代教会の兵役拒否の態度を非難さえするにいたった。コンスタンティヌスによって招集されたアルル教会会議（三一四年）の決議は、「平時に武器を捨てる者は、聖体拝領から除外される」ことを規定した。この規定の解釈は、多くの歴史家たちにとって悩みの種となった。

一説によれば、「武器を捨てる」（arma projicere）という言葉を、他人にたいして武器を投ずること、したがって殺すことと解する。つまり、平時において他者を殺す者は殺人者であり、この規定は私生活における殺害の罪を犯した者、とくに剣闘士について適用されるものだというのである。他の説では、強引に「平時」という言葉を「戦時」に置きかえた。しかし、これらはいずれも、言語的にも文脈上も不可能な解釈であろう。聖俗のラテン文献を通して、この「捨てる」という言葉は、自己から（武器を）引き離すこと、つまり、戦闘を拒絶する兵役拒否と関わるものであった。「平時」を、まさにコンスタンティヌスによって達成された帝国と教会との平和とみる意見もある。これによれば、教会を迫害する皇帝の治下においてのみキリスト者の兵役拒否を認める趣旨となろう。最近では、軍隊が警察的機能をもちえた「平時」には兵役にとどまり、戦時においては軍籍を離脱してもよいと解する説もある。

いずれにせよ、ここには、誤解の余地のない事実として、教会は、従来しばしばキリスト者兵士が行なってきた信仰的決断、つまり、キリスト者たるゆえに軍籍を離脱することを不可としたのみではなく、それにたいして恐るべき破門の刑罰を科するにいたったのである。ハルナックはこう結論する。それによって、国家と皇帝、キリスト教と教会双方の側の一体化が確立され宣言された。このアルル決議によって、「教会は軍隊と戦争とにたいする従来の理論的立場を根底的に修正するにいたった」と。兵役とキリスト教との和解は、従来、拒否の副次的理由ともなっていた軍隊内での異教的祭儀が消滅することによって、いっそう促進された。

じっさい、教会は、兵役につくキリスト者のために戦いの聖人をつくり、それ以後、古代教会が抱いてきた兵役や戦争への反対を、もっぱら聖職者の身分に限るようになった。こうした兵役拒否にたいするラディカルな転換は、明らかに原始キリスト教の変質過程をしるしづけるものであろう。この時代の神学者たちのあいだで、帝国の表面的なキリスト教化が国家の内面的転換を生ずるよりも、むしろ、教会自身の弱体化に通ずることを明確に認識していたのは、ほとんどクリュソストモス（三五四年頃—四〇七年）ただ一人といってもよい。クリュソストモスは、修道士の平和主義を職分という観点から解釈している。

「修道士たちは悪魔を相手として、これを平定し、キリストから栄光の冠をあたえられる。王たちは蛮族と戦う。悪魔は蛮族よりも恐るべきものであるから、修道士の勝利は、王の勝利よりも輝かしい。修道士は、キリスト教のため、真実をもって神を礼拝するために戦う。これに対して、王は嫉妬と権勢欲から戦利品を獲得するために戦うのである」。

教会はキリスト教信仰によってローマ帝国を精神的に征服したと自負していたが、実際には、征服ないし同化されつつあったのは教会の側であった。その意味でも、ハルナックの有名な言葉を用いるなら、キリスト教会の精神史は《キリスト教信仰のヘレニズム化》の漸進過程とみることもできるだろう。

3　中世教会と宗教改革の正戦論

正戦論の成立

コンスタンティヌス以後の神学は、この《転回》にキリスト教的正当化をあたえようとした。じじつ、多くのキリスト者が官職や軍職につくことになった。この新しい事態にたいして、新しい神学的解答が必要となった。ここに、教会史を通じて重大な意義をもつ《正戦》の思想が登場する。

しかし、教会は兵役拒否の伝統を単純に投げ捨てるわけにはいかなかった。むしろ、それを聖職者の神聖な特権として変形することによって維持しようとした。たしかに、異教の祭司たちも、神々に清い手で犠牲を捧げるために兵役を免れることができた。オリゲネスがつぎのように言うとき、こうした古代宗教的伝統を思い浮かべていたことであろう。

「他の人びとが戦争に赴くとき、われわれは、みずからの手を清く保ち、正当なこと、つまり、合法の王とその勝利のために祈る。このようにして祭司および神の仕え人としてこの戦役に加わるほうが、どれほど理性的なことであろう」。

むろん、オリゲネスがここで「われわれ」と言うとき、教会全体のこと、つまり、すべてのキリスト者の存在を念頭においていたことを見逃してはならない。しかし、やがて時代が下るにつれて、教会は、聖職者と一般信徒とに区別されるにいたった。いまや、教会の聖職者たちが異教の祭司たちのもっていたこの地位と特権を踏襲したのにたいして、一般信徒の方は、皇帝のために武器をとることを命じられる。こうして国家宗教となった教会は、国家の軍事的必要に応えるため戦争の神学をつくり出す。

すでにアタナシウス(二九六年頃—三七三年)も、ある修道士宛の手紙の中で、倫理の問題をめぐって決定的なのは行為それ自体ではなくその意図にあることを指摘し、その連関で戦争の問題にも説き及んでいる。

「殺すことは許されていない。しかし、戦争において敵を滅ぼすことは適法であり、また賞賛に値する。……ある特定の視点からみれば時宜にかなわず、なされたときに許されない同一の行為が、別の視点からみたとき、かつ時宜にかなって行なわれたときには許容され、かつ承認される」。

《正戦》の観念がはっきり登場するのは、四世紀末、ミラノの司教となったアンブロシウス

（三三三年頃―三九七年）においてである。彼は、皇帝テオドシウスがマケドニアの反乱をあまりに残虐に弾圧したことを理由に、祭壇から退け、彼から懺悔を要求したほど剛毅な人物であった。しかし、彼が「以前には福音の迫害者であった皇帝たちが福音の宣教者になりえた」転換に熱狂するとき、ローマの国家権力にたいして、まったく連帯的に感じていたことを示している。

アンブロシウスは、キケロの『義務論』をキリスト教的に改作して、聖職者に義務についての手引きをあたえた。その中で、「戦争においては祖国のために蛮人を防ぎ、国内においては弱者を守り、盗賊から同胞を保護する勇敢な行為は、まったき正義にほかならない」と論じている。この手引きによれば、聖職者は願い出れば兵役を免除されることになっている。戦争における正義の追求と聖職者の参戦禁止というこの二つの内容は、それ以後のキリスト教的正戦論のいわば《原型》を示すものとなった。

キリスト教古代の最大の教父アウグスティヌスは、その師アンブロシウスから多くを学んだが、この正戦の観念をも継承した。しかし彼は、今日よく主張されるように、単純にまた一義的に暴力を肯定する態度をとったわけではない。彼は、「深い痛みを覚えることなしに戦争を考える者は、人間らしい感情をすべてなくしているにちがいない」と書きとめている。

アウグスティヌスは死刑の拒否を貫いているし、ドナティスト的異端にたいする軍事的制圧にも長らく反対した。ようやく少数の異端派の側で暴力行使と反乱が企図されるにいたってはじめて、それを承認したのであった。しかし、このアウグスティヌスの決定は、教会史を通してきわめて重大な影響をあたえた。彼がもちえた精神的権威のゆえに、後世しばしば、いわゆる異端弾圧のたびごとに、その名が引き合いに出されることになったからである。

たとえばアウグスティヌスは、「正義が消え失せるなら、王国といわれるものも大規模な強盗どもの集まり以外の何であろうか」と言い、こう結論している。「隣国に戦争をしかけ、それからさらにつぎつぎと襲いかかり、何も害を加えたことのない諸国民をただ自己の支配欲を満足させるために打ち従えること——それが巨大な規模の強盗行為でないとしたらいったい何だろうか」と。しかし、こうした不正な戦争の否定は、その裏面に、すでにいわゆる《正戦》の肯定を予感させるであろう。

《正戦》という概念は、元来の異教的用法では、けっして良心の前で正当化される戦争のことを意味していなかった。むしろ、そこでは、国家の利害が正当性の基準とされたのであり、戦争目的の正しさやその手段の倫理性は問われなかった。征服戦争でさえ、それが一般に国家にとって有益なら、自由人の弾圧や奴隷化を生んでも正義の戦争とされていた。

アウグスティヌスは、こうした異教的観念をとりあげ、それを倫理的に正確に定義づける。第一に、戦争を宣しうる主体は支配の権威をもった君主のみである。第二に、戦争は平和を回復するためにのみ行なわれることを許される。その目的は、不正な攻撃によって被った不正を償うことにある。第三に、道徳的責任は、はっきり敵側になければならない。第四に、戦争遂行の仕方も正しくなければならない。敵にたいしても、信義を破り、残虐行為をほしいままにすることは許されない。とくに寺院を冒瀆することは厳しく禁じられる。最後に、聖職者の参戦は絶対に許されない。彼らは、地上において可能な限り福音の精神を実現することにつとめねばならない。

アウグスティヌスをこうした正戦論に赴かせた動機は、けっしてローマ帝国にたいする熱狂ではなかった。彼は、帝国の文化的遺産、その統一的言語のもつ意義は承認する。しかし、ローマの統一が多くの殺戮と流血によってもたらされた事実に目を閉ざさない。じっさい、ローマ帝国も、他の地上のあらゆる制度と同じく永遠ではない。なぜなら、神の国をほかにして永遠なものは存在しないのだから。しかし、他方において、アウグスティヌスは、地の国の運命にまったく無関心ではありえない。当時、辺境からしだいに迫ってくる蛮族による混沌にたいして、帝国は、なお教会を守る秩序を代表していた。したがって、帝国は防衛されねばならないし、キリスト者の参戦もまた許されなければならなかった。

ローマ軍団の司令官ボニファキウスが妻を亡くして世をはかなみ、修道士になろうとしたとき、アウグスティヌスは、これを戒める手紙を書き送っている。「武器をもってする兵役に服する者が神の御心にかなわぬと考えてはなりません。なるほど、世を捨て禁欲のうちに生きる人びとには、神の信望が厚いでしょう」。しかし、各人には、それぞれ神からの賜物があり、修道士たちは、「あなたのために祈ることによって、見えざる敵と闘ってくれるでしょう。あなたは、見える蛮族たちと闘うことによって、彼らのために働くべきです」と。

むろん、アウグスティヌスは、戦争をそれ自体として肯定したのではない。それを、《地上の平和》(pax terrena)の意味において、平和と正義を再建するための強制的手段として承認した。「戦争の目的は平和である」。それゆえ、彼は確信することができた。「敵を殺す兵士たちは、犯罪者を裁く裁判官や刑吏と同じく、けっして罪を犯すものではない。なぜなら、彼らは、そのように行動するとき法に従っているのだから。……敵を殺す兵士は、端的に法の奉仕者なのである」と。こうしてアウグスティヌスは、正戦の規範を設定することによって、地上に止むことのない戦争に制限を加えようとしたのである。

しかし、これがテルトゥリアヌスやオリゲネスなどに継承された原始キリスト教の精神から遠く隔たっていたことも明らかである。教会は、新しい戦争の倫理と折り合い、古い福音の倫理を修道院に追放した。四一六年には皇帝テオドシウス二世は、今後はキリスト者のみが軍隊に加入しうることを法令に定めた。これにたいして、五世紀後半の教皇レオ一世も宣言した。「兵役は罪なしに成り立つ」と。そしてこれが、それ以後、教会の公式見解として妥当することになるであろう。

軍事力の行使にいたる道が神学的に正当化されたあとでは、いわば堰がいっせいに切れたような具合であった。とくに西方においては、蛮族の侵入から生み出された軍事社会は、平和を愛する人びとを軽蔑し、ただ戦闘者のみに栄誉が帰せられがちであった。教会は、そうした傾向にたいして無力なままであった。おそらくは、それに反対しようとは思わなかったのであろう。九世紀はじめ、教皇レオ四世は、教会の防衛のために倒れた者に天国での報いを約束した。同じくヨハネス八世もまた、聖戦のために倒れた者は心清くさえあれば殉教者に等しい、と宣言した。

《神の平和》と十字軍

しかし、東方の教会においては、事態はいささか異なっていた。ギリシア正教の教父として著名なバシリウス（三三〇年頃―三七九年頃）は、命令を受けた兵士がこれに服従しなければならないことを容認した。彼らは、その魂の救いについて絶望するにはあたらない。しかし、戦争において殺人を犯したなら、その手が汚れたゆえに三年間は聖体拝領にあずかることを禁じられるという。バシリウスは、こうした主張を貫き通すことはできなかった。しかし、東方教会においては、西方におけるようなキリスト者の兵士の栄光化はみられなかった。ビザンツの歴史が、西方と比較したとき、侵略戦争に乏しいことは注目すべき事実である。

むろん、西方においても、いっさいの暴力を否定し、原始キリスト教の使信に忠実たろうと志した平和の人びとや運動が折にふれて出現した。史上名高いのは、いわゆる《神の平和》(Pax Dei) の運動であろう。この運動は、一〇世紀末に王権の脆弱であった南フランス一帯において、市民的平和を再建するため教会の手によって始められた企てである。それは、いくつかの教会会議の決議によって、一一世紀にはフランスからさらにはドイツにまで広範な拡がりをみせた。

《神の平和》は、元来、聖職者や教会堂、教会財産さらに農民や貧者、女性や子どもなど抵抗する力のない人びとの保護を目的とし、アナテマ(＝破門)によってその侵犯に警告した。こうして私闘《フェーデ》による自力救済の対象を限定し、財産の係争を司法的手続きに委ねて解決する途を保証しようとしたのである。やがて一一世紀はじめ以来、これに《神の休戦》(Treuga Dei) が付け加えられ、特定の日時や期間に武器使用を認めないフェーデ禁止が定められた。一般には、水曜日夕方から月曜日朝まで、さらに待降節や復活節など教会の大祝祭日が平和の時として守られることになった。

さらに注目されるのは、《神の平和》の《民衆運動》(B・テップァー) としての性格であろう。教会は、民衆の聖人崇拝を大規模に利用することによって、教会会議を大衆集会の場に転換し、いわば民衆世論を平和のために動員しようとしたのである。それは、伝えられてきたほど広い影響を及ぼしえたわけではなかったようだ。しかし、そこには、戦争や私闘さえも秩序づけようとする中世的なメンタリティがあらわれていたといってよい。

しかし、《神の平和》運動は、《神の休戦》の拡大にもかかわらず、その絶対的なフェーデ禁止という平和の理想に達することができなかった。すでにポワティエの教会会議（一〇〇〇年以後）は、平和の破壊者にたいして、はっきりと実力による制裁を要求し、フランス聖職者の呼びかけ（一〇四〇年頃）は、休戦の侵犯者に加えられる報復にたいして神の祝福を宣言している。一一世紀には教会の指導下に成立した平和部隊の軍事行動に、聖職者たちが軍旗を掲げて参加するにいたった。

こうして平和を理由とする戦争が開始され、まもなく人びとは元来の動因を忘れ去った。戦いの勝利に傲り、みずからの欲望に促されて、平和のための戦士たちは国土を荒らし、殺戮をほしいままにした。この《キリスト教的平和戦争》の経過に関するある報告は述べている。ついに神の罰が下された。閃光と雷鳴とによって神がその不満をあらわにされたのち、大司教の軍隊は壊滅的打撃をうけ、七〇〇名余の聖職者たちが戦場に倒れた、と。

《神の平和》運動もキリスト教世界を暴力否定にまで導くことに成功しなかった。むしろ、教会の指導下における戦争は、すでに教会の聖なる課題としての十字軍を予兆していた。じっさい、攻撃性を少なくとも対内的に鎮静させ、これを対外的に逸らす逃げ道として生まれたのが十字軍であった。

十字軍の合図となったクレルモンの会議（一〇九五年）における教皇ウルバヌス二世の演説は、いままで教会会議で《神の平和》を訴えた同じ口調で始められている。

「われわれは神の休戦として知られた祖先たちの法をふたたび布こう。……勇敢なる戦士たち、無敵の祖先の子らよ、堕落してはならない。互いのあいだのあらゆる憎しみを捨て去り、あらゆる争いを止め、あらゆる戦いを中止せよ。蛮族から聖地を奪い返して、おん身らのものとするために聖墓への道を進撃せよ」。

いわば剣は単純に洗礼を施されただけで《キリストに仕える》ために前進することができたのであった。そこに残されたのは、もはや《正戦》に関してアウグスティヌスの加えた制限のみであった。いな、異教徒にたいする《聖戦》においては、そうした正戦の理念による歯止めさえ消滅していたと言うべきであろう。

正戦論は、その後の神学者たちの手によって、いっそう磨き上げられ、また新しい解釈が付け加えられていった。たとえば、戦争において処罰と罪責とには一定の釣合いがなければならない。あるいは、戦争は、それによって善を促進し悪を回避する、よき意図がなければならない。戦争から期待される国家の福祉は、予想される禍害に優っていなければならない、等々。しかし、こうした論理の奥底には、地上における暴力の行使にたいして教会が抱いた深い諦念がひそんでいたのであろう。

ルターの正戦論

宗教改革もまた、戦争の思想について基本的に中世教会と同じ線上にある。この問題に関しては、とくに宗教改革的な遺産と呼ぶべきものはないようにみえる。宗教改革の諸宗派は、再洗礼派を別とすれば、正戦論の伝統を踏襲した。再洗礼派のフェーリクス・マンツによれば、「いかなるキリスト者も剣を振るうことは許されないし、また悪に抵抗してはならない」。彼らにとって、戦争は、神の意志に反する非キリスト教的な事柄であった。こうした問いかけにたいして、宗教改革者たちは、どのように答えることができたのであろうか。

ルターは、福音主義の立場をとる騎士アサ・フォン・クラムの願いを入れて、「軍人階級も神の祝福にあずかりうるか」(一五二六年)という有名な論文を執筆している。当時、農民戦争において、多くの福音主義的諸侯や領主たちは農民殺戮に加わった。この戦争の残虐さと罪悪の現実は、彼らの内心に深い良心の問いを呼び起こした。この論文は、兵役に服する人びとのこうした「弱く疑わしい良心に助言をあたえ」ることを目的とする。

ルターは、ここで、《正義》という概念を戦争にたいして直接に適用してはいない。むしろ、《戦争の職務》が神意に一致し、神の定めにふさわしいか否かを問うている。しかし、戦争《それ自体》が罪と不正ではないことを《証明》してみせるという言い方は、それが正面から取り組んだ正戦論であることを示している。はたしてルターは、それに成功していただろうか。

ルターは、アウグスティヌスにもとづいて、戦争を犯罪の処罰、平和のわざ、じっさい、愛のわざとさえみる。司法が盗人や人殺しなど個別的犯罪にたいする処罰であるとすれば、「正しく戦争するときには、それは、犯罪の累積全体を一挙に処罰することである」。軍人の職務も、正しく行使されるなら、裁判官のそれと同じく、罪の職務ではなく「神的職務」である。むろん、ルターも、剣の二つの使用の仕方に相違があることを知っていた。しかし、それは、いわば量的な区別にすぎない。「剣の一つのわざ——つまり、司法のそれ——が正しくかつ善いものとすれば、それは、すべて正しく善いものである」と。

しかし、ここには、無視しえない質的相違があるのではなかろうか。つまり、司法は、正当な法的手続に従って立証された現実の犯罪にたいする処罰であるのに較べて、戦争の場合には、個人的な罪の立証が不可能な「犯罪の累積」にたいして直ちに刑を執行することを意味するであろうから。

ルターはまた、戦争を外科の医療にもたとえている。医師が身体の一部を切りとる行為は、外的には悪事であるが、生命と身体を救うために、よき目的に仕えているのである。戦争は悲惨を生むようにみえ、キリスト教的愛に矛盾するようにみえる。しかし、正しい人びとを守る貴重な神的なわざにほかならない、と。

　これらの論理において、ルターが単純な事実の区別を無視していることは明らかであろう。医師は生命を救うことを目的とするのにたいして、軍人は生命を傷つけ殺すことを意図するのだから。ルターは、手術する手が医師の知恵に指導されるように、兵士の手は統治者を導く神の知恵によって指導されているという。彼は、ついには戦争の遂行を神自身の行為として規定する。「剣を振るい、絞殺するこのような手は、もはや人間の手ではなく、神の手である」。だから、何ぴとも勇気をなくしてはならない、と。

　むろん、ルターにおいて、たんなる名誉心や征服のための戦争は、略奪行為であって戦争ではない。彼は、信仰を防衛するための戦争、つまり十字軍もまた、この世と神の国とを混同するものとして否定する。王朝的利害や諸侯の領土継承をめぐる紛争は、ルターにとって、けっして戦争に訴えて決着すべきものではなかった。明白な侵略にたいする自衛のみが、戦争のかたちをとった正当な暴力行使として承認される。こうして防衛措置によって平和の再建が期待され、隣人を守る愛として機能しうる限りにおいて、戦争はキリスト教的可能性をもつ。

しかし、ルターは、その戦争観において動揺を禁じえなかった。戦争はイエスの愛敵の戒めと、どのように結びつきうるのであろうか。彼は言う。「キリスト者は、戦えという何らの命令ももたない」。これに反して、《上司》＝世俗的権力にたいする「服従からは戦うべきである」。こうした論理の背後には、ルター特有の《二つの王国》の思想が立っている。

「キリスト者として生きている限りは戦う命令をもたない」という否定形の表現には、他の理由からする戦いの可能性にたいして余地を残している。しかし、彼は、「キリスト者は戦ってはならないという命令をもつ」と、積極的な肯定形で表現すべきではなかっただろうか。ルターの戦争観には一義的な明確さが欠如している。

こうした曖昧さは、キリスト者と戦争との事実上の矛盾が彼の意識の内奥において、ついに払拭されなかったことを暗示する。ルターの論理からは、究極的に《正戦》を《証明》したとは言いきれないであろう。むしろ、彼の義認の信仰からは、「人間は罪を犯さざるをえず、この人生は正義の住み家ではない」という厳しい現実認識が引き出されてくる。してみれば、地上には、何らの《正戦》も存在しないということこそ、その神学的結論とすべきだったのではなかろうか。

注目すべきことには、ルターは、なお、諸侯が明白に《不正》で福音に反する戦争を企てるとき、民衆は兵役に義務づけられるか否かを論じている。彼は、それを明確に拒否する。「人間に従うよりも、神に従わなくてはなりません」（使徒言行録伝五・二九）。そのときには、人は、その拒否の根拠について、たとえそれが権力自身の不正を意味するとしても、「真実を語り、《上司》に反対しなければならない」。これによって、ルターは、兵役拒否の義務を証言しているといってよい。じじつ、ルターは、ブランデンブルク侯ヨアヒムが――トルコ人と戦うという口実のもとに、そのじつ――ルター派に差し向けるために備った軍隊内部で兵士たちが戦列から離脱することを称賛している。

むろん、このルターの発言は、原則的な戦争一般にたいする拒否ではなく、戦争の不正なことが認識された例外状況に限られてはいた。しかも、真剣な努力にもかかわらず、確実な結論がえられないときには、ルターのすすめによれば、《上司》の命令に従い兵役に服すべきであるとされている。しかし、兵役への参加を決する究極的法廷を一人びとりの《良心》においたことは、宗教改革の深い信仰原理に対応しているであろう。

それは、あらゆる戦争について、みずから検討し決断する権利と義務とが良心に委ねられたことを意味しているのだから。そこから、戦争そのものが不正であり罪と認められるなら、全体として、戦争参加が拒否される論理的可能性を含んでいるであろう。ここには、ルターが、尊重とそれへの恭順とをくり返し説いた、《上司》の権威が原理的に打破されているとさえ言えるであろう。

カルヴァン以後

カルヴァンもまた、戦争を神学的に正当化する伝統の中に立っていた。彼は、なるほど、第五戒を実現することが高い困難な課題であると語っている。戦争擁護の大胆な文章は、『キリスト教綱要』の後の版にいたってはじめて現われる。それは、当初にはなお残っていた、ある種の恐れを説明するものであろう。

しかし、ルターに比較するとき、その内面的躊躇は明らかに少なかったように思われる。カルヴァンは、アウグスティヌスやルターと同じく、洗礼者ヨハネに訴え、さらにまた旧約の戦争の事例を引き合いに出した。彼は、秩序を維持するために必要な警察力と見なして、戦争を正当化した。アウグスティヌスが敵を《蛮人》と呼びルターが《犯罪者》と呼んだように、カルヴァンもまた敵を《武装した盗賊》と呼び、そのような存在として処罰すべきことを説いた。

とくに《選び》の信仰にもとづき、聖徒たちの共和国を打ち立てようとするカルヴィニストにとっては、正しい信仰を擁護することが積極的な課題となった。カルヴァン、さらにテオドール・ベーズにおいては、ルター以上に明瞭に、信仰の迫害にたいして、同じ武器をもって闘う正戦が積極的に肯定された。じっさい、当時のヨーロッパの状況全体からみれば、ジュネーヴの町自身、陸の孤島のように強大な反対勢力の大海にとり囲まれ、その攻撃の危険にさらされていた。絶対主義権力と抱合したカトリック教会の迫害と弾圧下におかれた少数派としてのカルヴィニストの運命については、いうまでもない。

　こうした宗教改革とカトリック教会の対抗改革運動が激突する中で、そのもっとも強硬な代弁者は、カルヴァンとイグナティウス・デ・ロヨラであった。二人は、互いに数多くの政治的書簡を通して、諸侯や上司に、神の高き栄光のために、その信仰の防衛と拡大とに仕えることを求めたのであった。

　じっさい、三〇年戦争にいたるまで民衆に訴え世論を動員するため、パンフレットや小冊子による新旧両教派からの宣伝合戦が盛んに行なわれた。戦争への恐怖と平和への願いにもかかわらず、ドイツにおける宗教的対立が戦争勃発にまでいたったことの責任の大半は、これらの文書活動に負うところが大きいとさえ言われている。相互の敵意と不信とはしだいに亢進して、互いに相手から最悪の事態以外を期待しえぬほどになった。

　たとえばイエズス会のベラルミーノは一五八六年に論じている。真の宗教はただ一つ存在しうるだけであり、すでにそれゆえに信教の自由を認めるわけにはいかない。信教の自由とは、誤謬への自由、しかも、もっとも重大な事柄に関して誤りうる自由にすぎないから。さらに宗教的義務のみでなく、国家の利益のためにも、いっさいの異端を根絶することが必要である。異端思想がはびこった国家においては、確固とした秩序を保つことができず、分裂、暴動、反乱が支配的になるから、と。これにたいして、プロテスタント側からも、イエズス会非難は痛烈をきわめ、彼らはプロテスタンティズム全体を残虐にも根絶しようと狙う《教皇の猟犬》と呼びならわされた。

三〇年戦争の最中に、ローマ教皇庁は、「全能の神の御名において」「フス派、ウィクリフ派、ルター派、ツヴィングリ派、カルヴァン派、ユグノー派、再洗礼派」など「すべてキリスト教信仰から堕落した人びと」にたいして「追放と永遠の罪」を宣告する。これらの人びとは、「教会国家の海岸と《われわれの海》《マレ・ノストルム》（＝地中海）を不穏にする海賊たち、さらにサラセン人やトルコ人に馬匹《ばひつ》、武器、鉄および他の軍需品を供給するキリスト教異端者たち」と等しなみに、この罰を下されたのであった。

他方、宗派的対立は、宗教改革諸派のあいだでも同じ激烈さをともなうものであった。パウル・ゲルハルトは一七世紀最大の宗教詩人として知られ、その讃美歌は、彼の属したルター派教会にとどまらず、カルヴァン派においても数多く使用され、じっさい、カトリック教会においてさえ見いだされる。今日その讃美歌を口にする人は、この敬虔な詩人が「現にあるがままのカルヴィニストたちを、けっしてキリスト者とは認めない」強硬な意見の持主だったとは、想像だにしえないであろう。しかし、彼の領主ブランデンブルク選帝侯フリードリヒ・ヴィルヘルムは、この詩人牧師にたいして、その講壇において、いっそうの宗教寛容――それは、当時のブランデンブルクでは宗教改革諸派のあいだに限られていた――を語ることを求め、《和協信条》を用いることを禁止した。このとき、ゲルハルトは、ルター派のこの正統主義信条を守るために、自分の不屈の信念を免職と貧困とによって買いとらねばならなかった。

三〇年戦争を通じて改革派の軍隊は、好んでとくにカトリック諸侯の領土を荒廃させた。それに応ずる皇帝の命令は、宗教改革諸侯の領土を略奪することをカトリック軍隊に命じていた。そこには、権力的利害と交錯して、宗派的原則がいっそう戦争の惨禍を拡大した姿が認められる。アウクスブルク宗教和議（一五五五年）からヴェストファーレン宗教和議（一六四八年）にいたるほぼ一世紀は、「ヨーロッパ近代のもっとも暗い一章」（エーゴン・フリーデル）と呼ばれる。じっさい、こうした三〇年戦争を目撃したなら、ルターがなお、戦争を「短期間の小さな不和」と呼び、「大きな不幸を防ぐ小さな不幸」にすぎないと正当化できたか否か、疑問であろう。

しかし、この点に関して、カルヴィニズムの地盤においては、これまで正戦の伝統を支えたリゴリズムが、不正な戦争に反対する厳しい神学的拒否と同時に、良心的兵役拒否にたいする無条件的要求をも生み出す可能性をもっていたことを見落としてはならないだろう。

4　平和主義セクトの兵役拒否

平和主義と迫害

基本的には戦争を肯定する大教会の路線に対立して、いっそう厳格な聖書主義にもとづいて戦争および兵役にたいして批判的な立場をとったのは、小さなキリスト教諸分派であった。

宗教戦争の荒れ狂った一六、一七世紀に、こうした平和主義をとなえた代表的なセクトは、再洗礼派、クェーカー派、さらにブレズレン派などである。彼らは、当然、国家および権力と一体化した教会から激しい弾圧と迫害とにさらされねばならなかった。彼らは、社会的にも少数派であり、神学的な多様性のゆえに、互いに内的な対立や分裂をも抱えていた。しかし、そこに共通するのは殉教をも辞さない戦争拒否の精神であった。彼らは、中部ヨーロッパから西欧さらに東欧へ、イングランドからアメリカへの移住と拡大を通して、今日なお存続する兵役拒否の伝統を基礎づけた。

その意味では、古代教会史において「殉教者の流した血潮が《教会》を生み出す種子となった」（テルトゥリアヌス）とすれば、近代教会史においては、殉教者たちの国外移住と迫害からの逃亡が近代的な《憲法》を生み出す種子となったと言えるかもしれない。

たとえば一六世紀ポーランドに起こったソッツィーニ派の運動がある。その創始者は、イタリアのシエナ出身の神学者レリオ・ソッツィーニおよびその甥ファウスト・ソッツィーニの二人である。遍歴の生活は、彼らをドイツやスイスの宗教改革の指導者たちのみでなく、再洗礼派や反三位一体派の人びととも接触させた。こうして、当時どこにもみられなかった近代的な啓蒙と宗教寛容の思想に道を開く独特の宗派が形成された。それは、いっさいの固定的な教会の教義にたいする無関心と、あらゆる信条にたいする寛容、聖書にたいする個人的な解釈の自由などをともなうものであった。

こうした特徴は、一時ブレズレン派の信仰に傾いたファウスト・ソッツィーニにおいて徹底的な平和主義と結びついた。しかし、彼は、クラクフでポーランドの信徒たちのために戦争と国家に関する教理を書くことを求められたとき、ある程度妥協的な態度をとった。それは、宗教改革者たちと再洗礼派との中間的立場だったと言うことができよう。一方では、国家がキリスト教的制度であることを否認しながらも、他方では、人命を奪うのでない限りキリスト者が兵役につくことを認めたから。しかし、この規定が、当時の状況では著しく非現実的であったことは否めないであろう。

こうした兵役拒否にたいする妥協は、ポーランドにおけるブレズレン派のその後の平和主義の崩壊に通じていたといわれる。しかし、西欧に伝播したソッツィーニ派が、たとえばグロテイウス、ロックなどを通して形づくられつつあった寛容思想に衝撃を与え、またイングランドのラディカルなカルヴァン派にたいするリベラルな対抗勢力となったことも忘れられてはならないであろう。

歴史的な平和主義的セクトと呼ばれる宗派の中で、社会にたいしてもっとも超越的な立場をとるのは再洗礼派であった。彼らは、政治にたいするいっさいの参加をも拒否した。むろん、再洗礼派の中には、たとえばミュンスター派のように、不正なこの世の権力にたいして闘い、選民による千年王国的な支配を夢みて武装蜂起を行ない、徹底的に鎮圧された極左的グループもあった。その結果、初期の再洗礼派の運動は、新旧両教派からもっとも迫害されることになったのは当然であろう。こうした急進分派にたいする対抗運動として、メノー・シーモンスを中心に集まったグループは、剣を拒否する再洗礼派の主流として今日に残るメノナイト派の父祖たちである。

メノナイトの平和主義

メノーの『キリスト教教理の基礎』(一五三九年)は、初期メノー派の基本的確信を表明した文書である。彼は、新旧両教派とさらにミュンスター派残党との両面にたいして闘わなければならなかった。彼は、とくに——どの教派や党派によるものであれ——いっさいの戦争を反キリストの所産として厳しく断罪した。メノー派があくまでも平和の人であることを権力者にたいして明らかにし、迫害を中止するように訴えたのである。

メノーは、徹底した平和主義者であったが、少なくとも当初は、支配者がキリスト者たりえないとするラディカルな非政治主義を説くまでにはいたっていない。彼は、旧約聖書における聖戦の例を拒否したが、他方では、イスラエルの王たちのように敬虔な君主が剣をもって悪を処罰することを承認した。しかし、晩年の改訂版（一五五八年）では、徹底した無抵抗に立つ非政治主義への傾斜がみられる。

「われわれの砦はキリスト、われわれを守る武器は忍耐、われわれの剣は神の言葉、われわれの勝利はキリスト・イエスにたいする自由な確固たる偽りなき信仰である。鉄やメタル、槍や剣は、人間の血に豚の血と同じ価値しか認めないような人びとに委せよう」。

たしかに、メノー自身は、この世から完全に隔絶する理想と、この世を変えていく課題とのあいだを揺れ動いた。しかし、メノーの後継者たちは、彼以上にラディカルな非政治主義に立って、旧約的な政治倫理を拒否する姿勢を戦争からさらに権力一般にまで拡大した。世俗の王国とキリストの王国とのあいだには、画然とした一線が引かれていた。彼らは、山上の説教にのみ立って、剣の使用をいっさい拒否する。こうして、キリストに従いキリストの弟子となることが強調される。メノーの著作の刊行者ヤン・クレースはこう記している。

「誰がほんとうにキリストに属する者であるかを見よ。それは、キリストの名を誇りながら、自己の立場を剣で押し通そうとするような人びとではない。むしろ、主の模範に従って生きながら、自己の立場を神の言葉――これこそ正統派の剣である――によって擁護しようとする人びとである」。

彼は一五四四年に捕えられ、その殉教の死によって無抵抗の証人となった。
たとえばフリースラント・メノー派の信仰告白（一六二六年）には、「キリストは、その僕と弟子たちを戒めて、この世のいっさいの支配と権力に加わることを禁じたもう」と規定されている。剣はキリスト者の完全にとってまったく関わりがなく、この世の支配者がキリスト者であることは否定される。剣はもっぱらこの世の手段であり、この世は永遠の滅びへと定められる。彼らの歩んだ迫害と殉教の途は、この世の権力が濫用されることをリアルに経験させ、この世の悪の所在に正面から注視することを強いたのであった。
たしかに、一六世紀の再洗礼派において、剣についての教えは、けっして固定されたものではなかった。また、その非政治主義には程度の上での変化があった。しかし、非暴力の福音に立つ再洗礼派の伝統は、初期メノー派において確立された兵役拒否の精神に、はっきりした刻印をあたえている。一五五四年、北ドイツのヴィスマールの町でメノーおよび他の指導者たちによって承認された規定によれば、「武器を用いない奉仕の問題を別として、支配者の命令によって戦争の武器をとり、あるいは用いることは、許されない」ことを定めている。キリスト者は市民として兵役につきえないというこの命題は、メノーおよびこの派の人びとの絶対的な戦争拒否を、はっきり確証するものであろう。

一六、一七世紀は再洗礼派のいわば古典時代であった。それは、上からの弾圧にたいして、無抵抗のまま殉教し、あるいは亡命することによって、信仰の純粋性を守り抜く闘いの時代であった。やがてオランイェ公ヴィレム一世によるスペインからの独立を転機として、オランダでは再洗礼派にたいする迫害は止み、寛容政策に転換した。勤勉で誠実かつ善良なオランダ《最上の市民》を迫害することは、国家政策として、けっして得策ではないことがわかったのである。逆に、この《神を恐れる支配者》(オランイェ公)にたいする感謝から、メノー派の人びとは巨額の国家献金をくり返し、ついには戦時公債を購入するようにさえなった。こうして国家にたいする緊張意識を失ったオランダ・メノー派は、戦争拒否の精神を衰弱させ、やがて国家が一般的兵役義務を導入するにいたったとき、ほとんどさしたる抵抗をなしえなかった。

しかし、なお一七、一八世紀のオランダ・メノー派の信仰告白やカテキズムには、剣を拒否した伝統の跡が残されている。たとえば、東インド向けの武装帆船の所有に参加したり、あるいは乗り組んだ者にたいして、教会は聖餐式に連なることを禁じている。また東インド会社に勤める信徒の中には、同社に所属する船が大砲その他の武器を積載していることを理由に辞職する者も少なくなかった。

こうした中で、非暴力と兵役拒否の再洗礼派的伝統は、アメリカに移住したメノナイト派の第一次大戦におけるリバイバルを転機としていたといわれる。とくに、ヨーロッパの大地を戦場とするこの戦争で身近に戦禍を経験したオランダ・メノー派は、ふたたび父祖の遺産に目覚めるにいたったのである。

クェーカーの平和主義

クェーカー派も兵役拒否の歴史において重要な位置を占めている。彼らは、再洗礼派の人びとよりも一歩現実的であった。キリストの王国を世俗の国から分離したが、この世にまったく絶望していたわけではなかった。クェーカー派の人びとは、支配者に訴えようという意図をもっていた。みずからは剣をとらなかったが、使用について忠告し、政治を通して平和を実現することを求めたのだ。

初期クエーカーの人びとのあいだには、クロムウェル麾下の軍人たちが少なくなかったといわれる。ウィリアム・ペンがジョージ・フォックスに向かって、なお剣を携えていてもよいかと尋ねたとき、フォックスは、心理学的にまことに巧みな答えをあたえている。「あなたにそれができる限り携えていなさい」。ペンの信仰的認識が深まるにつれて、それは、もはや不可能であった。

クエーカー派の兵役拒否は、十戒とか山上の説教など聖書の特定の箇所にもとづくものではなかった。むしろ、戦争が愛のなさから生まれる最後の帰結であり、道徳的敗北にすぎないことを教えた新約聖書全体の精神にもとづいていた。たとえば土地私有に反対し近代的社会主義の先駆となった《ディガーズ》運動のリーダーで、初期クエーカー派に合流したウィンスタンリは告白している。「剣によって勝ちとられた勝利は、奴隷たちが互いにせめぎ合ってえる勝利である。しかし、愛によって獲得された勝利は、国王にふさわしい勝利である」と。

クエーカーたちはつねに、フォックスの『クエーカーと呼ばれる罪なき神の民の声明』（一六五〇年）を引き合いに出して戦争に反対した。

「平和を求め、そのために努めることこそ、つねにわれわれの原則であり、実際に決意するところである。……われわれは、いっさいの血なまぐさい原則と行動とを全面的に拒否する。どのような目的で、どのような口実で行なわれるにせよ、いっさいの外的武器をもってする戦争、闘争、紛争を拒否する。これこそ、われわれの全世界にたいする証しである」。

ウィリアム・ペンがペンシルヴァニアでその《聖なる実験》を始めたとき、それは、こうしたクェーカーの平和と非暴力の精神にもとづいていた。周囲のアメリカ植民者たちは、先住民と戦い、その砦の胸壁を修復することに余念がなかった。この中で、ペンシルヴァニアでは、先住民たちとのあいだに七〇年間、《誓われざる》平和協定が守られた。のちに英仏戦争の際に軍事目的の納税を承認したことは、この実験を挫折させた。しかし、クェーカー派は、けっして武器を携えることなく、軍事教練をすることもなかった。一七〇〇年代の軍事的な義務負担は大きくはなかったとはいえ、彼らは、あくまでも良心の命令に従うことにつとめた。彼らの堅実な態度は、徐々に植民地の立法を通して、軍事義務からの免除を認めさせていった。

こうして独立戦争（一七七六年）に際して、いずれの側にも与しなかった平和主義者は、厳しい試練にさらされた。彼らは軍隊に資材・食糧を供給することを期待されていたが、多くの者は、それを軍事協力と見なして認めることができなかった。その結果、クェーカー派は、しばしば、英・米両軍からの略奪の対象となった。戦時中に強制的に徴兵されたクェーカー派の青年たちがワシントンのキャンプに送りこまれたとき、彼らは、その良心の証言を裏切ろうとはしなかった。ワシントンは、彼らの帰郷を命じたのであった。

独立後のアメリカにおいて、フロンティアは、つねに一種の《軍事教練の学校》であった。辺境の人びとはつねに武器を携行し、先住民との戦争や国境での小ぜり合いは、いつまでも絶えなかった。こうした中で、メキシコとの戦争（一八四六年）にたいして平和主義者の批判は厳しかった。ソーロウの納税拒否の闘争は、よく知られている。

ソーロウは、たとえばクェーカー派のウルマンが政府の好戦政策に巻きこまれないために納税を拒否したのとは異なり、むしろ、社会全体を誤ったコースから引き戻すために政府と交渉する手掛かりとして納税を拒否することを考えていた。クェーカー的平和主義が内向的であり、その無抵抗の姿勢が社会的に静寂主義的であったとすれば、ソーロウは、社会的変革にコミットする良心的拒否として《市民的不服従》の可能性を論じたのであった。

ソーロウ以後、アメリカにおける良心的反戦論は、新しいコースを歩み始めることになった。それは、もはや社会にたいして基本的に静寂主義的でも分離主義的でもありえなくなった。むしろ、良心的兵役拒否者は、政府の政策が誤っていることを確信するときには、それを阻止するための行動を倫理的・政治的責任として自覚した。

南北戦争以後

南北戦争は、アメリカの南北双方で全国的な徴兵制をはじめて導入した。北軍において三〇〇ドルの支払いを要件に徴兵免除が規定されたことは、貧しい階層の人びとのあいだに《金持ちの立法》という憤激を呼んだ。たとえばニューヨークでは三日間にわたる民衆暴動が起こり、それを鎮圧するため砲兵隊まで投入された。クェーカー派をはじめ平和主義的セクトの人びとは、兵役とともに賦課金をも免除するよう強力に要求した。

リンカーンは、はっきり良心的兵役拒否の人びとの主張に同情的であった。議会は、彼らの良心の要求を認め、病院や解放奴隷のために奉仕する《代役》を命令した。しかし、こうした努力も、すべての平和主義者を満足させることはできなかった。一部の者は、軍とのいかなる協力も良心の証言に反するものと確信して、病院勤務をも拒否した。北軍当局者は、どの代案も《絶対主義者》に受け入れられないのをみて、ついに戦争期間中、彼らを誓約させてのち釈放せざるをえなかった。

南部における平和主義者の運命は、北部の場合よりもいっそう苛酷だった。平和主義的セクトの人びとは、感情的にも思想的にも奴隷制廃止論者であった。南部の平和主義者は、南軍のために戦うことを拒絶したのみでなく、北にたいするシンパサイザーとして知られていた。南部連邦の大統領デーヴィスは、宗教的な兵役拒否を容認したが、リンカーンのように、その要求にたいして同情的だったわけではない。戦争が苛烈化し、兵力が払底し始めたとき、南軍は兵役免除の数を大幅に削減し、宗教的理由にもとづく兵役拒否を全面的に廃止してしまった。

こうして、南北双方において、折にふれて良心的兵役拒否の青年が軍のキャンプの中に入ってきた。それは、兵役免除のための賦課金を支払わなかったり、代役を果たさなかったためであり、また死物狂いになった軍隊によって強制的に徴集されたためである。兵営内の条件は南北両軍ともに荒廃しており、とくに兵役拒否者たちは下士官兵たちの恰好のなぐさみの対象となった。南北戦争は、兵営内における良心的兵役拒否者たちへの残虐な刑罰と彼らの犠牲の死を、はじめて記録している。彼らは、強制的に行進や訓練に追い立てられ、飢えさせられ、また宙吊りにされた。

第一次大戦は、アメリカにおいても国民的ヒステリーに近い好戦熱をあおった。この大戦において徴兵は一般的かつ無条件的となった。兵役免除の代役も賦課金も認められなかった。地方警察や愛国主義団体によって行なわれた《兵役忌避者狩り》は、都市の街頭で歩行者から徴兵の身分証明の提示を求めたほどであった。たしかに、一九一七年の徴兵法は、宗教的理由にもとづく兵役拒否者にたいして例外規定を設けていた。しかし、彼らもまた「大統領が非戦闘的と認定するいかなる勤務からも免除されない」ことを明記していた。この規定によれば、あらゆる良心的兵役拒否者は、大統領ないし国防省の所管のもとに、何らかの非戦闘的勤務に服する義務をもつわけである。

平和主義的セクトの中には、メンバーの兵役適齢者たちに徴兵登録を行ない非戦闘的勤務を受け入れることをすすめるものもあった。しかし、兵役拒否者たちの多くは、そうした軍の管轄に入る政策を肯《がえ》んじなかった。軍事法廷は、軍隊とのいっさいの協力を拒絶する《絶対的平和主義者》にたいして、とくに厳しかった。たとえば、十数例の死刑、百数十例の終身刑が宣告された。三百数十の判決例の平均は十数年の禁固刑を含んでいる。このうち死刑の判決はどれも執行されなかったし、二百例近くは刑期を短縮された。しかし、大統領ローズヴェルトによって最終的な恩赦が命じられ、第一次大戦の最後の兵役拒否者が牢獄から釈放されたのは、一九三三年のことであった。

第二次大戦における徴兵法の重要な変更は、代役勤務を民間の公共奉仕機関の管轄に移したことであった。軍の統括下での非戦闘的勤務を受け入れない人びとは、歴史的な平和主義セクトの管理下にある「国家的に重要な」奉仕作業につくことを認められた。第二次大戦を通じて良心的兵役拒否者によるこの種の代役は、延べ日数にして八二四万日に及んでいる。しかし、この間、彼らはまったく無報酬であった。彼らは、自力ないしその属するセクトの支持によって賄われた。その総計は七二〇万ドルに達している。この民間公共奉仕のキャンプにおける兵役拒否者が無報酬であることは、議会および軍部による意図的な政策の結果であった。兵役拒否者の良心尊重の政策的改善にもかかわらず、ここにはなお、特別の代役を選択することにたいする刑罰のイメージが、明らかに存続していたのである。

5　現代の世界教会と兵役拒否

エキュメニズムの平和主義

第一次大戦後、ようやく世界的にキリスト教界のあいだに新しい変化、しかし、当初はきわめて目立たない、そのきざしが現われた。戦争と兵役にたいする教会の伝統的な肯定的態度は、ほんとうに疑問の余地がないのか。かえって歴史的平和主義セクトの態度の中に、平和のために主に従う精神が宿っているのではなかろうか。こうした問いが世界教会運動のレベルにおいて大教派自身にも投げ返されるにいたった。

世界教会のストックホルム会議（一九二五年）を経て、オクスフォード会議（一九三七年）では、戦争の問題について、はじめて明確な否定的評価が表明された。そこでは、戦争の賛美や正当化は何ら語られず、留保ぬきで戦争の断罪が下された。戦争を阻止し、その原因を除去するために尽くすことが教会の課題となった。ただ、戦争にたいするキリスト者の参加の倫理的義務の問題に関しては、一致がえられなかった。平和主義と平和主義批判の立場の対立は、依然として残された。しかし、良心的根拠にもとづいて具体的に兵役を拒否する可能性そのものは、けっして否定されなかった。兵役拒否をキリスト教的責任において行ないうることが承認されたことは、エキュメニズムの論議において、まことに重要な一歩であった。戦争と兵役拒否に関して、新しい共通理解にまで到達しなかったとはいえ、世界の大教派の伝統的態度が、はじめて揺り動かされたのである。

オクスフォード会議の二年後にヨーロッパで第二次大戦が始まった。戦時中に阻止されていたエキュメニズムの運動は、戦後、ふたたび新しい軌道の上に展開した。アムステルダムにおいて世界教会協議会の最初の世界大会が開かれた（一九四八年）。第二次大戦の恐るべき惨禍、なかんずく大量殺戮兵器の出現は、いっそう明確な態度決定を教会から要求するものであった。

「戦争は、今日、従来とは完全に一変した。いままでは戦争は全体的であり、いずれの男女も兵役に駆り出される。加えて巨大な空軍力の投入、核兵器その他、新兵器の開発がある。これらいっさいは、現代戦争を、これまでの戦争に較べて、世界的に未曾有な規模での無差別の破壊に導く。正当な目的のため正当な兵器を用いて正戦を遂行しうるという従来の仮定は、こうした状況においては、もはや維持することができない」。

破壊の規模の巨大さは、実際上、戦闘員と非戦闘員との区別を抹消するにいたった。しかも、まったく戦争に参加しない諸国の民衆すらも、今後、危険な放射能の影響から免れないであろう。それが引き起こす遺伝的傷害は、未来の世代にたいしても測り知ることのできない苦悩を与える。核戦争においては、敵との平和の樹立ではなく、まさにその無差別の抹殺が問題となる。いな、そこでは、攻撃する者も防禦する者も共に、この兵器の使用によって当初から自国民の絶滅を賭する以上、守ろうとする目的そのものをみずから裏切ることにならざるをえない。

しかし、アムステルダムにおける戦争の原則的断罪にもかかわらず、兵役問題については、依然として一致がえられなかった。一方の意見はいう。今日なお国際間に超国家的な公正な判定機関が存在しない以上、軍事力は、国家にとって権利を保証する最後的手段である。国民は、他の可能性が残されないとき、武器を手にとり、この権利を守る義務を放棄することができない。他方の意見は確信する。教会は、いっさいの兵役を拒否し、神が無条件で戦争反対と平和への奉仕を求めていることを信じ、その方向で発言し行動しなければならない。

たしかに、世界教会の一致した確認において、戦争の拒否は、力強くかつ印象的である。戦争は神の意志に反し、端的に罪である。それを国際政治の手段として正当化する何らの理由もない。しかしまた、そこでは、平和のための教会の責任がいっそう焦眉の課題として強調されるのと対照的に、それによって兵役拒否の問題が後景に退いていることも否定できない。

つまり、一九五〇年代を通ずる冷戦の激化は、エキュメニズムにおける戦争論議と関心を、もっぱら新しい戦争の回避という実際的課題に集中させがちであった。それだけまた、兵役拒否の倫理的問題は、いわば第二義的なものとして位置づけられざるをえなかった。戦争反対のキリスト教的決断としての兵役拒否について一義的解決の見通しの立たない論議に入る代わりに、焦眉の実際的課題に立ち向かう道を選んだのだといえよう。東西に分極化した世界の共存と、第三次大戦の勃発を阻止することこそ決定的と考えられたのであった。教会は諸国民の協力のための国際和解、国際的エートスの確立、とくに人種的マイノリティの保護などに奉仕しなければならない、というわけである。

エヴァンストン世界教会大会（一九五四年）および、それ以後においても、核戦争の阻止こそ当面の最大の課題であった。たとえばエヴァンストンにおいて、「教会は、戦争が悪いと告知するだけでは十分でない」といい、「教会は無防備の都市の民衆にたいする大量殺戮を、それがいかなる武器を用い、いかなる目的でなされるにせよ、断罪せざるをえない」と宣言された。しかし、そこでは、教会が新たに提案すべき「平和にたいするキリスト教的関わり」について、「証しの可能性としてのキリスト教的平和主義と、特別の状況における軍事的介入をも正当化する別のキリスト者の信念」とが並列されるにとどまっている。

ニューデリー大会（一九六一年）においても、エキュメニズムの兵役拒否にたいする態度は、基本的にほぼ同様であった。「兵役拒否者に理解を示し、核時代において、その良心にもとづく兵役拒否の権利を承認することが必要である」。この短い文章は、六〇年代にいたるまで、キリスト教倫理の問題として、エキュメニズムの論議において兵役拒否が演じた役割を暗示するものであろう。

エキュメニズムと兵役拒否

しかし、この間に到達された共通理解では、従来、神にたいする服従として当然自明視されてきたキリスト者の戦争参加は、もはやキリスト教倫理の要求としては一義的に妥当しえなくなった。逆に、そこでは、兵役の無条件的拒否もキリスト教倫理の普遍的命題としての妥当性をあたえられてはいない。しかし、国家の命ずる兵役を良心的根拠にもとづいて具体的に拒否する可能性は、倫理的に責任ある決断として一般に承認されるにいたったといわなければならない。

じっさい、ウプサラでの世界教会大会（一九六八年）は、「良心的根拠から武器をとり、あるいは一般に自国での兵役につきえない」兵役拒否者のみでなく、さらに「現代の戦争遂行の在り方に照らして、特定の戦争にたいする参加を拒否し、それを良心的根拠から拒否せざるをえないと考える」兵役拒否者を教会的に支持することを決議するにいたった。この支持には、

「必要とされる法律的改正のために、立法機関にたいして圧力を行使することも含まれる」のである。

前者が、絶対的平和主義にもとづくいわば伝統的な良心的兵役拒否の類型であるとすれば、後者は、いわゆる特定の戦争を不正とみる《選択的》兵役拒否という新しい類型を意味する。それが、六〇年代半ば以来アメリカにおいて高まった反戦運動に影響されていることは明らかであろう。元来、アメリカの徴兵法は、良心的兵役拒否者の資格を、「すべての戦争」に反対する者に限り、選択的拒否者の可能性を認めなかった。しかし、ベトナム戦争を拒否する人びとは、この戦争の道徳的不正にたいして良心的に徴兵に応じえなかったのである。当時、アメリカの教会のほぼ一致した見解は、メソジスト教会社会委員会のつぎの声明に代表されているといえよう。

「みずからが戦うことを求められているこの戦争にたいして良心的に反対する人びとは、彼らが現に直面している選択とは関わりない過去と将来の紛争についてまで〔反対を〕一般化する決意がないからといって、良心の程度が劣っているわけではない」。

じっさい、ベトナム戦争は、《正義の国家》としてのアメリカの幻想を完全にくつがえした。

いまやアメリカ古来の抵抗権の伝統と結びついて、反戦と兵役拒否の運動が強力に展開することになった。同調性向の支配的なアメリカ世論の中で、政府の軍事政策にたいする批判的ムードが拡がったのは、ベトナム反戦運動、とくに徴兵制度にたいする非合法的反対をも支持したキリスト者の参加に大きく負うていた。この市民的不服従や抗議行動がアメリカの軍国主義ないし国家主義を目に見えるほど解体させたことは争えない。そして、ついには、このキリスト教的反戦運動の高揚は、アメリカからエキュメニズム全体にたいしても大きな影響を及ぼすにいたった。

戦争阻止にたいして兵役拒否のもつ政治的意味の発見と並行して、いま一つの大きな変化がある。それは、従来、兵役拒否の代わりに課せられていた市民的《代役》(Ersatzdienst) という概念と形態の消極性を脱却して、より積極的に《平和奉仕》(Friedensdienst) として位置づけ直す動きである。紛争解決ないし秩序維持の手段としての軍隊勤務に代わる二者択一として、社会的・国際的紛争を解決する新しい非暴力の形態と方策とを追求しようとするのである。

じじつ、現代においては、《平和》という用語は、もはや消極的に《戦争》という言葉のたんなる対立概念として用いることはできなくなった。むしろ、平和は、核兵器に代表される技術時代の生存条件、人類の運命と文明の存続がかかっている不可欠の前提そのものとなった。したがって、社会奉仕活動の分野で献身する従来の代役の形態だけでは、直ちに現代世界における平和のための奉仕を全面的に覆うものではないことが認識されてきているのである。

むしろ、いっそう広範な国際的な和解や連帯に仕える奉仕、たとえば、開発途上国での技術援助や教育計画への参加などの形態が模索されつつある。それは、しばしば国家利益と結びつきがちな国家機関の管理下における代役から、組織的にも独立することを求められている。じじつ、国際的連帯に立つ平和奉仕は、軍事力によって装備された主権国家群の国際体系そのものにたいしてプロテストすることなしには成立しえないはずであろう。

この場合、エキュメニカルな教会組織こそ、普遍的課題としての平和奉仕の新しい次元を切り開くことを可能にするのではなかろうか。市民的代役から社会的な平和奉仕への展開に協力することこそ、世界教会のもっとも重要な課題の一つといわなければならない。世界教会協議会における近来の《開発》論議は、すでにこうした方向を予示しているのではなかろうか。

参考文献

一般通史

G. J. Heering, *Der Sündenfall des Christentums. Eine Untersuchung über Christentum, Staat und Krieg,*

1930.
W. Dignath, *Kirche, Krieg, Kriegsdienst*, 1955.
R. H. Bainton, *Christian Attitudes toward War and Peace*, 1960（『戦争・平和・キリスト者』中村妙子訳、新教出版社）。
K. Deschner (hrsg.), *Kirche und Krieg. Der christliche Weg zum ewigen Leben*, 1970.
A. Martin (ed.), *War and the Christian Conscience. From Augustine to M. L. King JR.*, 1971.
H. Hammer, *Christen, Krieg und Frieden. Eine historische Analyse*, 1972.

新約聖書とイエス

W. Bienert, *Krieg, Kriegsdienst und Kriegsdienstverweigerung nach der Botschaft des Neuen Testaments*, 1952, 2. erweiterte Aufl. 1985.
C. H. C. MacGregore, *The New Testament Basis of Pacifism*, 1936（『新約聖書の平和主義』小黒薫訳、日本ＹＭＣＡ同盟）。
J. Ferguson, *The Politics of Love. The New Testament and Non-Violent Revolution*, 1970.
M. Hengel, *War Jesus Revolutionär?* 1970（『イエスは革命家であったか』川島・山口共訳、新教出版社）。
O. Cullmann, *Jesus und die Revolutionären seiner Zeit*, 1970（『イエスと当時の革命家たち』川村輝典訳、日本基督教団出版局）。

古代教会

A. v. Harnack, *Militia Christi. Die christliche Religion und der Soldatenstand in den ersten drei Jahrhunderten*, 1905, Nachdruck 1963.

J. M. Hornus, *Politische Entscheidung in der Alten Kirche*, 1963.

H. R. Weber, *The Militant Ministry*, 1963（『信徒と教職——初代教会の視点から』村山盛忠訳、日本基督教団出版局）。

E. Stauffer, *Christus und die Caesaren*, 1952, Neue Ausgabe 1965.

T. Gerhards (hrsg.), *Pazifismus und Kriegsdienstverweigerung in der Frühen Kirche*, 6. Aufl. 1991.

中世教会と宗教改革

F. Wiesenthal, *Die Wandlung des Friedensbegriffs von Augustinus zu Thomas von Aquino*, 1948.

B. Töpfer, *Volk und Kirche zur Zeit der beginnenden Gottesfriedensbewegung in Frankreich*, 1957（『民衆と教会——フランスの初期「神の平和」運動の時代における』渡部治雄訳、創文社）。

P. Brunner, *Luther und die Welt des 20. Jahrhunderts*, 1961.

F. C. Palm, *Calvinism and the Religious War*, 1932, Rep. 1971.

平和主義セクト

J. M. Stayer, *Anabaptism and the Sword*, 1976.

M. E. Hirst (ed.), *The Quakers in Peace and War*, 1932, Rep. 1972.

L. Schlissel (ed.), *Conscience in America. A Documentary History of Conscientious Objection in America 1757–1967*, 1968.

榊原巌『良心的反戦論者のアナバプティスト的系譜』（平凡社）。

エキュメニズムと最近の動向

O. Aldanmaz, *Wehrdienstverweigerung als Menschenrecht*, 2006.

W. Beyer (hrsg.), *Kriegsdienste verweigern – Pazifismus aktuell. Libertäre und human istische Positionen*, 2007.

U. Duchrow und G. Scharffenorth (hrsg.), *Konflikte zwischen Wehrdienst und Friedensdiensten*, 1970.

宮田光雄『政治と宗教倫理』（岩波書店）。

P.Mucke, *Kriegsdienstverweigerung. Zivildienst, Friedensdienst*, 1989.

P. Tiedemann, *Das Recht der Steuerverweigerung aus Gewissensgründen*, 1991.

W. Bock/H. Diefenbacher/H. R. Reuter, *Pazifistische Steuerverweigerung und allgemeine Steuerpflicht*, 1992.

Ziviler Friedensdienst. Einsatzgruppen für eine Politik mit gewaltfreien Mitteln, hrsg. v. Evangelische Kirche in Berlin-Brandenburg, 1994.

3　近代日本のキリスト教非戦論

内村鑑三の思想と系譜

平和は人間にとって古い時代からの憧憬であった。しかし、人類の歴史は、闘争こそがその運命であったことを示している。この地上において、平和は果たして可能であろうか。この問いにたいして歴史のあたえる回答は否定的であるが、宗教は、そうした否定を越えて平和の希望に生きる。このような現実の中で、近代日本の生んだ最大の宗教者の一人、内村鑑三（一八六一―一九三〇年）の非戦思想の論理を、その宗教体験の原点にまで遡及しながら学び直してみることは無意味ではないと思われる。

原型的人間

内村は神の前に責任を負う魂として、まさに《原型的人間》（森有正）であったと言われる。(1)その罪体験の深さにおいては、すぐれてパウロやルター、バニヤンにも匹敵し、その思想表現のパトスの点では、冷徹なカルヴァンよりもルターの激情を思わせるものがある。その近代を超える時代批判のスケールの大きさにいたっては、しばしば、旧約預言者に較べられる。

内村の生涯は、近代日本が西欧帝国主義の衝撃を受けて開国し天皇制国家としてナショナルな統一を達成した時期に始められた。彼は、日清・日露の戦争と戦勝をあいついで体験し、それ以後、急速に高まった日本軍国主義の下に生を送り、さらに日本ファシズムが政治的地平線に姿を現わし始めた時期に世を去った。内村は、明治の代表的日本人の一人として、愛国の念に燃えるナショナリストたらざるをえなかった。しかし、同時にまた、日本プロテスタンティズムにおける代表的なキリスト者として、超越者への信仰をバネとする日本ナショナリズムの正面からの批判者として登場した。

内村の非戦思想を論ずるに先立って、われわれは、彼が生来の非戦論者ではなかったことを確認しておかなければならない。むしろ、彼は、もともと熱心な主戦論者であり、日清戦争に際して、「日清戦争の義」（一八九四年）について英文の論文を発表し、外国の人びとに訴え啓蒙しようと試みた。この点において、内村は、じっさい、《転向者》ないし《背教者》（丸山眞男）であった。[2]

ただし、ふつう言われる《転向》は、国家権力の圧迫のゆえか、あるいは客観情勢の変化にともなって、時代思潮に押し流されるかたちで生じがちである。これに反して、内村の場合には、むしろ、時代の流れに抗するものであり、一般とは正反対の方向をとっていることに注目しなければならない。それゆえ、まず内村の《転向》の特質を明らかにし、その非戦論の意義と、さらに第一次大戦におけるその後の展開とを跡づけることにしよう。

＊以下、内村著作集の引用は主として教文館版による。

1　義戦論から非戦論へ

義戦の訴え

日清戦争開戦後まもなく、内村は上記の英文による論説を公にした。

「吾人は信ず、日清戦争は吾人にとりては実に義戦なりと。その義たるの、法律的にのみ義たるにあらずして、倫理的にまたしかり」。

なぜなら、清国は朝鮮の内政に干渉しその独立を脅かしたからである、と内村は説く。

しかし、もっとも悪いのは、この「世界の最大退歩国」たる清国がその旧態依然たる「満州的制度」を朝鮮にも強制し、世界の進歩に逆行せしめようとする点にあった。内村にとっては、日清戦争は、「新文明を代表する小国」と「旧文明を代表する大国」とのあいだの闘争であった。その場合、彼は、日本をペルシア戦役におけるギリシアになぞらえて、日本を「東洋のギリシャ」、しかも「十九世紀のギリシャ」と見なしても、はなはだ当然である、とした。

これより前、内村は『日本国の天職』（一八九二年）について論じているが、それを彼は、「東西両洋の媒酌者」たることに見いだしている。つまり、物質文明の欧米を理想主義的アジアに紹介し、進歩的な西洋をもって保守的な東洋を啓蒙しようとする「仲裁人」の使命である。

このような文明史的観点からするとき、日本は、まさに東洋における「進歩主義の戦士」なのであり、いまや日清戦争の決するところ、「東洋は西洋とひとしく進歩主義にのっとるべきや、あるいは……満州的シナ政府が代表する退歩の精神は東洋全体を指揮すべきや」の問題となる。日本の勝利は、「東洋六億人の自由政治、自由宗教、自由教育、自由商業を意味」するであろう。こうした日本天職論の背景には、明治維新以来の日本の近代化路線の正しさへの信頼、つまり、西洋文明への信頼があったと言えよう。

こうした形の日清戦争の道徳的正当化は、内村に限らず、同時代の日本の知識人にも広く共通する傾向であった。たとえば、それを文明が野蛮を教化するための宗教戦争とする見方は、福沢諭吉から植村正久まで一致していた。ここから、さらに内村は鋭くこう結論する。「孔子を世界に供せしシナは今や聖人の道を知らず。文明国がこの不実不信の国民に対するの道はただ一途あるのみ。鉄血の道なり。鉄血をもって正義を求むるの道なり」(「日清戦争の義」)。

ここには、近代日本が帝国主義的列強との闘争場裡にあって触発された若いナショナリズムの響きを、紛れもなく聞きとることができるだろう。しかし、まもなく内村は、西欧的帝国主義のモデルに従って日本による中国支配の拡大および中国「討滅」すら要求する主戦論者にたいして、激烈な批判を向けることになった。

「シナを倒して、しかして後日本立つべしと信ずる人は、宇内の大勢に最も暗き者と称せざるべからず」。「〔中国の〕死は東洋の死を意味し、彼の壊乱はアジアの廃亡を招く恐れ」あり、「シナ衰えて、欧州のこれに乗ぜざるはなし。欧州、シナを有して、朝鮮の独立は空言のみ」。したがって、戦争の「最大目的」は、「シナを警醒するにあり、その天職を知らしむるにあり。彼をして吾人と協力して東洋の改革に従事せしむるにあり」。

ここにおいて内村は、日本が「アジアの救主」として登場するのであって、けっしてアジアのヘゲモニーを企図する支配者として立つのではない、と考えている。「東洋の平和はシナを生かすより来たる。これ実に日清戦争の大目的ならずや」(「日清戦争の目的如何」一八九四年)。

戦時中、内村は、この戦争の義戦なることは戦後はじめて明らかになるであろう、と固く信じていた。彼は、それが、むろん何らの物質的利益をもたらすものではない、と論じていた。

しかし、中国との和平締結後、彼は、アメリカの友人ベルに宛てて、こう訴えざるをえなかった。「《義戦》はほとんど略奪戦に近きものと化し、その戦争の《正義》を唱えた預言者は、今や深い恥辱のうちにあります」（一八九五年五月二二日付）と。

富国強兵の批判

戦勝の結果、朝鮮の独立は無視され、日本の獲得した新しい植民地や二億テール（＝約三億五千万円）の巨大な賠償金は、日本の工業化の急速な発展を促した。元来、第一義的に国防を目的として、政府の手で保護育成された日本の《資本主義》は、いまや明らかに国家の侵略政策と一体化し、戦争から利潤をえようとする傾向を示すにいたった。

それは、明治体制が国づくりの模範としたプロイセンの近代化と、この点においても、きわめて相似した姿を呈していた。その《資本主義》は、近代的人間類型やエートスを生まず、むしろ、封建的・軍事的価値を前提し、それをモデルとして展開したからである。それは、本来の意味での《資本主義》ではなく、むしろ《工業化》（R・ダーレンドルフ）と呼ぶのがふさわしかったであろう(3)。

なるほど、日本は、ロシア・フランス・ドイツの三国干渉の強圧の下に、新しく獲得した領土の一部をふたたび中国に返還せざるをえなかった。しかし、それ以来、西欧列強による中国大陸の帝国主義的分割が開始され、それは、また逆に、日本の軍国主義的傾向を加速度的に強め、ナショナルな国家意識を刺激する反作用をあたえた。

内村は、戦後の退廃現象――政治家、軍人、文筆家、実業家たちが勝利を誇り、虚栄と私欲にふけるにいたったこと――を激しく批判せざるをえなかった。彼は、みずからを旧約の預言者アモスに擬しながら、あるいはイザヤの預言を引き、あるいはエレミヤの嘆きをこめて警世の言葉をつづり、「自賛的国民」を痛撃した（「時勢の観察」一八九六年）。

「農夫アモスは熱心燃ゆるがごとき愛国者なり。彼がこの記を作るの目的は、隣邦の積悪を矯めんがためにあらずして、彼の特愛の生国なるユダを警戒せんとするにありき。西方アジアにおける昔時のユダ人は、東方アジアにおける今日の日本人のごとく、彼らは特種の歴史と国風とに誇り、異邦の民を見るに常に劣等人種の念慮をもってし、言う、われらは神国の民なり、列国滅ぶるに至るも、わが国の危殆におちいるのおそれなしと」（「農夫アモスの言」一八九六年）。

したがって、「日本は特別の国なり、……万国の標準をもって規《はか》るべからず」と言い、あるいは「日本教と称して、異常の倫理学的系統は編み出され、万国歴史の考究は疎んぜられる」

（「胆汁余滴」一八九七年）ような「愛国的妄想」は、内村にとって堪えがたいものであった。

この当時、彼は書いている。人類進歩の記録としての歴史は、領土の血なまぐさい拡大を国の発展とは認めないし、「興国」とは、元来「新国家の組成」、新しい制度の設立であり、つまり、秩序立った「国民の発育」にある。逆に「亡国」とは、個人における「品性の破産」と同じく、国民が理想を失い真理の発揚にとって無用となるにいたった場合である。国家は、もはや「進歩の妨害物」「世界のやっかい物」となって、有機体としての存在理由を失ってしまうのであると（「興国史談」一九〇〇年）。

こうした批判によって内村は、国の没落の恐るべき徴候をみてとり、《誤った》日本のナショナリズムを正道に返そうとつとめたのである。内村は、わが国が世界の中心に位し、他国はたんに朝貢してくるために存在する、といったふうの愛国心を峻拒した。これにたいして、「善き大なる国家とは、最も多く人類進歩のために尽くし、世界の改造を助け、大真理と大思想と大事業を最も多く全世界に寄附」するごとき国にほかならない（「世界の日本」一八九六年）。

われわれは、ここに、内村のナショナリズムが世界市民精神とつねに不可分裡に結合しているのを認めることができよう。当時、日本の政府は《富国強兵》の政策を宣伝した。これにたいして、内村は、《強兵》の目的は権力を誇るためでなく、正義を貫徹するためにあり、《富国》もまた侵略の衝動を刺激するためでなく、正義を促進するためにありとした。彼にとっては、したがって「真理は国家や愛国心よりも大」でなければならなかった。そして、まさにこの真理にもとづいて、彼の非戦の思想も出現する。

非戦論への転回

彼は、みずからが何故、非戦論者となるにいたったかを、さまざまの機会に書きとめている。それは、何よりも聖書の研究を通してであった。

「聖書の、ことに新約聖書の、この事に関して私どもに命ずるところはただ一つでありります。すなわち絶対的の平和であります。いかなる場合においても剣をもって争わないことであります。万やむを得ずんば敵に譲り、あとは神の怒りを待つことであります」(「平和の福音」一九〇三年)。

人が神に忠誠たろうと欲するならば、ここにはそれ以外に途はない、と彼は確信した。「余が非戦論者となりし由来」(一九〇四年)を論じた文章でも、第一に「聖書、ことに新約聖書……十字架の福音」をあげ、これに並べて、第二に、「私の生涯の実験」、すなわち、彼の生涯において他人からの非難や攻撃にさらされたとき、それにたいして彼がとった無抵抗主義の利益をあげている。

しかし、重要なのは、第三に、「過去一〇年間の世界歴史」をあげていることであろう。内村の時代批判における独特の歴史観との関わりを見逃すことはできない。[4] 彼は、けっしてたんに《熱狂主義者》流の平和主義者ではなく、まさに、過ぐる戦争の《勝利の現実》についての歴史的反省から非戦論の正当性を学びとったのである。

「日本国はこの戦争より何の利益を得たか。その目的たりし朝鮮の独立は、これがために強められずしてかえって弱められ、シナ分割の端緒は開かれ、日本国民の分担は非常に増加され、その道徳は非常に堕落し、東洋全体を危殆の地位にまで持ち来たったではないか」(「戦争廃止論」一九〇三年)。

こうした大害悪と損失を目前にしながらなお新しく戦争を主張することは、彼にとって正気の沙汰とは思われなかった。

内村は「由来」の中で、日清戦争に並べて、米西戦争とボーア戦争をあげている。

「米西戦争によって米国の国是は全く一変しました。自由国の米国は今や明白な圧制国とならんとしつつあります。……私は私の第二の故国と思い来たりし米国の今日の堕落を見て、言い尽くされぬ悲嘆を感ずる者であります」。

ボーア戦争についても、いままで、内村にとって「西洋主義」のチャンピオンと見なされたミルトン、クロムウェルの国イギリスが、現に、自由と独立を求める二共和国を蹂躙する事実は衝撃的であった。しかも、この連関において、彼が日英同盟をイギリス帝国主義への連帯的罪責として鋭く捉えていたことも注目に値する。

「罪悪の種類は多し。されども微弱者の生命を賭して自己の利益を図るにまさるの罪悪世にあるなし。しかして日本国は、南阿の二小共和国が敗滅に瀕する時に際し、その敵国たる英国と同盟して、その絶滅を早めたり」(「日本国の犯せし大罪悪」一九〇二年)。

じっさい、内村がその戦争批判をもっとも激烈に提起し展開した前世紀末から今世紀初頭にかけての時期は、わが国における《脱亜論》の台頭と重なり合っていたのである。つまり、素朴な日清提携を夢想した《アジア主義》から《脱亜論》への転換は、近代日本がこれまで演じようとした西欧のアジア侵略にたいする抵抗の戦士としての役割を放棄し、それに代わって、みずからも列強と同じ帝国主義に路線修正を始めたことのメルクマールであった。内村の非戦論は、まさにそうした帝国主義戦争への正面からの対決を志向したものであった。

さらに踏み込んで言えば、この帝国主義戦争批判の中に、内村における《近代》と《反近代》という矛盾に満ちた思想契機の鋭い内面的緊張を読みとることができるのではなかろうか。すなわち、一般的にみれば、近代西欧の欺瞞を肌で体験して、それにたいする信頼から幻滅へと急角度の転換を強いられる場合、知識人にみられる思想的反応には、二つの類型を区別することができる。それは、まず西洋文明から東洋精神への回帰というパターンか、さもなければ、世界政治における国家利益ないし権力至上主義に立つ赤裸々なマキャヴェリズムの肯定というパターンであろう(5)。

しかし、内村の場合、西洋文明の根源に沈潜し、いわばそれを内側から超越する視点を獲得したところに、すぐれた独自性をもつ。つまり、キリスト教文明としての近代西欧から、その源泉としてのキリスト教をいったん切り離すことによって、西洋主義をも根底的に問い直す視点を打ち出すことができた。それは、近代を可能にしつつ近代を越え、近代を批判する原理としてのプロテスタンティズムの確立である。ここに、《宗教改革の徹底》による無教会主義への志向が予示されているであろう。そこから、はじめて内村自身における、いわば《内なる西洋主義》としての日本帝国主義にたいする信仰的自己批判も可能となったと言えるのではなかろうか。
じじつ、内村の非戦論には、宗教的に深められた社会的な罪体験の自覚が横たわっていた。つまり、日清戦争においては、彼は愛国心と正義感に燃え立っていた。しかし、戦後、彼は深い幻滅にとらえられ、日本国民が彼によって指定された天職にふさわしい能力があるかどうかに疑いを抱かざるをえなくなった。彼の深い痛恨と懺悔は、いまや非戦論の巨大なエネルギーに転換され爆発した。「義戦の迷信」(一九〇三年)という短文で、こう記している。

「余も一時は世に『義戦』なるものがあると思った。しかし今はかかる迷信を全く余の心より排除し去った。……もし世に義《ただ》しき罪があるならば義しき戦争もあるであろう。しかし正義の罪悪のない間は(そうして、かかるもののありようはずはない)正義の戦争なるもののありようはずはない。余は今に至って、かつて『日清戦争の義』なるものを、つたなき英文につづって、わが国の義を世界にむかって訴えしを、深く心に恥ずる者である」

(「近時雑感」一九〇三年)

さらにまた、「私はここに表白いたします。……日清戦争の時に、日本の『義』を英文につづって世界に訴えた者は私でありました。私は今やその時の私の愚と不信を恥じてやみません。

私はこの事に関して、ひとえに神の赦免を祈ります」（「平和の福音」）とくり返している。こうして、彼は《背教者》となり、主戦論から非戦論へと《転向》した。

2　非戦論の展開

日露開戦の中で

朝鮮半島にたいする支配によって大陸への橋頭堡を確保した日本は、満州を侵略しさらに南下の姿勢を見せるロシアと衝突した。その国家存亡の危機と脅威に直面して、日本の世論は和戦をめぐって沸騰した。この緊迫した状況の中で、内村は、いまや信仰と良心とにもとづく断固たる非戦論者として登場する。

「余は日露非開戦論者であるばかりでない。戦争絶対的廃止論者である。戦争は人を殺すことである。そうして人を殺すことは大罪悪である。そうして大罪悪を犯して、個人も国家も永久に利益を収め得ようはずはない」（「戦争廃止論」）。

彼は、この開戦を是認することは日本の滅亡に同意することであると確信した。彼は、精力的に自己の非戦論を当時の大新聞の一つ『万朝報』に、その指導的論客の一人として書きつづけた。同新聞がついに開戦に同意するや、彼は直ちに退社し、自己の雑誌『聖書之研究』を創刊して、伝道と時代批判を続行した。ここでも、内村における無教会的信仰の展開にとって里程標の一つとなるこの事件が、非戦論の展開と微妙にからみあっていたことを見逃してはならない。

いまや内村は、対露開戦に興奮する世論の激流に抗して、その確信する非戦の理念を固執する。彼にとって、つぎの事実は否定しえないものであった。

「敵人とて、神の目から見れば同胞兄弟である。敵国とて、同じ世界の一部である。もし人類は一個団体であり世界は一家同族であるとの科学上の提議が真理であるとすれば、戦争そのものをもって、善である、美である、利である、益であるとは、どうしても思えない」(「日露戦争とキリスト教の情勢」一九〇五年)。

逆にまた、内村によれば、戦争はより小なる悪事であって、世には戦争にまさる悪事があるととなえる人は、自分の言うことがわからぬ人である。

「戦争よりも大なる悪事は何でありますか。怨恨、嫉妬、忿怒、兇殺、酔酒、放蕩等のありとあらゆるすべての罪悪を一括したる戦争よりも大なる悪事が世にあるとならば、その悪事は何でありますか。もし無辜の人を殺さなければ達しられない善事があるとならば、その善事は何でありますか。……悪しき手段をもって善き目的に達することはできません。殺人術を施して、東洋永久の平和を計らんなどということはもってのほかのことでありますす」(「平和の福音」)。

内村の非戦の理念にとって特徴的なのは、それがたんに聖書から演繹された要請であるというだけに尽きなかったことであろう。それは、すでにみたように彼の歴史認識に媒介された——現代風にいえば社会科学的認識に基礎づけられた——戦争の批判であった。たとえば、日露開戦に先立って、内村は国家権力と一体化して発達してきた日本資本主義の構造的腐敗を正確に指摘している。足尾銅山鉱毒事件は、そうした社会的不正の典型的な露頭にほかならなかった。

「足尾銅山鉱毒事件は大日本帝国の大汚点なり。これをぬぐわずして、十三師団の陸兵と二十六万トンの軍艦を有するも、帝国の栄光は那辺にある。これをこれ一地方問題となすなかれ。これ実に国家問題なり。しかり、人類問題なり。国家あるいはこれがために滅びん。今や国民こぞって眼を西方満州の野に注ぐ。われの艨艟《もうどう》はみなことごとくその舳《へさき》を彼に対して向く。されどもなんぞ知らんや、敵は彼にあらずしてこれにあるを」(「鉱毒地巡遊記」一九〇一年)。

同じ観点から、いっそうはっきりと、こうした内政と対外侵略との構造的関連が鋭く見通されてくる。

「朝に一人の哲学者ありて宇宙の調和を講ずるなきに、陸には十三師団の兵ありて、剣戟至るところに燦然たり。野には一人の詩人ありて民の憂愁を医するなきに、海に二十六万トンの戦艦ありて、洋上事なき鯨波を揚ぐ。家庭の紊乱その極に達し、父子相怨み、兄弟相せめぎ、姑媳相侮るの時にあたりて、外に対しては東海の桜国、世界の君子国をもって誇る。帝国主義とは実にかくのごときものなり」(「幸徳秋水君著『帝国主義』に序す」一九〇一年)。

内村は、すでに、「名は日露の衝突であれ、実は両国の帝国主義者の衝突である」(「近時雑感」）と断言している。こうした社会的認識と批判は、当然、帝国主義段階における戦争の性格、とくに、その機能の構造的転換の事実を見逃さないであろう。[6] 近代戦争が、しだいに一定の目的にたいする手段としての性格を喪失するにつれて、ますます《正義》の戦争と《不義》の戦争とを区別することが非現実的になってきた。

「戦争は戦争を止めるためであると言います。……しかしながら戦争は実際戦争を止めません。否、戦争は戦争を作ります。……戦争によって兵備は少しも減ぜられません。否、戦争終わるごとに軍備はますます拡張されます。……日清戦争はその名は東洋平和のためでありました。しかるにこの戦争はさらに大なる日露戦争を生みました。日露戦争もまたその名は東洋平和のためでありました。しかし、これまたさらにさらに大なる東洋平和のための戦争を生むのであろうと思います。戦争は飽き足らざる野獣であります。彼は人間の血を飲めば飲むほど、さらに多く飲まんと欲するものであります。そうして国家はかかる野獣を養うて、年に月にその生き血を飲まれつつあるのであります」（「日露戦争より余が受けし利益」一九〇五年）。

それと関連して、むろん、われわれは現代戦争のもたらす精神的・物質的な惨禍の巨大な亢進を見逃すことはできない。

「人類が進むに従って、戦争の害はますます増して、その益はますます減じて来ます。したがって戦争は勝つも負けるも大なる損害たるに至ります。戦争はその代価を償わず、その目的を達せざるに至ります。そうして、その時に至れば、国民はいやでも戦争をやめます」(「非戦論の原理」一九〇八年)。

こうした場合において、もっとも賢明な国民とは、もっとも早く戦争を止める国民であり、もっとも愚劣な国民とは、最後まで戦争とその準備とを継続する国民ということになろう。

将来的展望

内村は、近代日本が天皇制ファシズムの形態をとる以前に歿したが、彼の非戦の論理は、軍国主義の路線を歩む日本国民の未来の運命を、すでに手にとるように予言することができた。

「軍人を刺激して外敵を打たしむる者は、ついにみずからその軍人の打つところとなる。軍人をしてシナを打たしめし日本人は、過去十年間、軍人の苦しめるところとなり、その富のほとんど全部をささげて軍人保育の料に奉った。今もし同じ軍人をしてロシア人を打たしめたならば、彼らがさらにわれらより要求するところはドレだけであろうぞ。その時こそ、今なおわれらの中に残るところの僅少の自由も憲法も煙となって消えてしまい、日本国はさながら一大兵営と化し、国民は米の代わりに煙硝を食い、麦の代わりにサーベルを刈るに至るであろう」(「近時雑感」)。

こうした内村の予見は、太平洋戦争下における日本国民の体験によって、つぶさに確認されたところである。じっさい、第二次大戦において、いかなる国民も、そのために犠牲を払った目的を達成しなかった。日露戦後、第二次日英同盟の締結、日韓併合といった過程の中で、内村は言う。

「剣を抜くの機会はまた新たにわが国に供されました。我らの子弟が満州においてではなく、今度は印度、アフガニスタンの国境において血を流さざるを得ない恐るべき時が来るかもしれません」(「平和成る」一九〇五年)。

これらの東南アジアの国名は、現在の時点からふり返ると、まことに暗示的ですらある。しかし、なかんずく、内村の非戦思想の正当性は、核時代の現実そのものによって確信させられるであろう。原爆の軍事効果は、それに先立ついかなる不法に比較しても正当な関係に立つことはできない。しかも、それは、合理的に統制することは困難であり、かえって戦争の脅威を高めることに役立つばかりである。内村の言葉はすでに預言者的である。

「世に迷想多しといえども、軍備は平和の保障であるというがごとき大なる迷想はない。軍備は平和を保障しない。戦争を保障する。世界の平和を軍人に待つは、これを悪魔に待つだけ、それだけ難くある」(「世界の平和はいかにして来るか」一九一一年)。

ロシアにたいする日本の勝利にもかかわらず、彼の思想は不変のままであった。国中が打ちつづく連戦連勝の興奮に包まれている中で、彼は、なお確信的な非戦論者にとどまった。なぜなら、彼は、いたるところにおいて戦勝の害悪が敗戦のそれにけっして劣らないことを認めたから。

内村は、同胞の流した血潮がまだ乾き切らぬ前に、中国における日本の特権と利益の拡大を要求する無軌道な好戦論者を批判する。これらの人びとは敵を愛さぬのみならず、自己の同胞をも尊重しない。戦争の結果は、ふたたび国債の増大、投機熱の急増、軍備の拡大、それと同時に芸術・文学・哲学・道徳・宗教の不振であった。肉において勝つ者は、霊において敗る。これぞ自然の法則である。人は門の外の敵を追いけちらしても、それはふたたび門の内に現われてくる。

じじつ、当時の日本のキリスト教会のほとんどすべての代表者たちは開戦に賛成し、戦争を正当化した。植村正久のような人でも、またこの声に加わった。たとえば小崎弘道によれば、「此度の戦争は、人種の戦争でも、宗教の戦争でもなく……十六世紀の文明と二十世紀の文明との戦争と云い得る。露国の代表するのは十六世紀文明、我国の代表するのは二十世紀文明である」(7)という日清戦争と同じ論理をくり返していた。

その意味では、内村は、キリスト教界全体における異端者であった。彼は、こうした戦争是認の教会を主より《呪われた教会》として激しく批判した。

「キリスト教の教師が聖書の言を引いて戦争を奨励するがごとき教会堕落の徴候はありません。……平和はキリスト教の専門であります。これあるがゆえにキリスト教は世界の尊敬をひくのであります。しかるを、その教師が世の普通の愛国心に引かされて、その根本的教義までを曲ぐるに至りましては、これ塩がその味を失ったのでありまして、後は用なし、外に捨てられて人に踏まるるのみであります」(「戦時における非戦主義者の態度」

一九〇四年)。

あるいは、キリスト教主戦論者を指して言う。

「彼の廃娼論または禁酒論の如きは抱腹絶倒と称すべきであります。酒を飲んでは悪い、しかし人を殺してもよろしい、姦淫を犯しては悪い、しかし血を流してもよろしい、孤児は憐むべきである、しかし、幾万の孤児を作りてもよろしいと、世に多くの矛盾はありまするが、しかし慈善家の主戦論の如きはありません」(「日露戦争より余が受けし利益」)。

つまり、内村によれば、信仰から生まれる聖化の生活は、個人的敬虔としての道徳に限定されるのではなく、社会的次元をもつという考え方である。ヴォルフハルト・パネンベルク流に言えば、「人間の生活に救いをえさせる神の支配は、そのうちに政治的な平和をも包含している」のである(8)。

むしろ平和は、本来、「戦争にまさりてはるかに偉大、はるかに高尚、しかり、はるかに勇敢なる愛国的行為である」(「平和成る」)。なぜなら、国家は敵国の侵略を防ぐために軍人を要するとするならば、その国土の発育のため、その富の増進のため、その社会の改善のため、その道徳の純化のために、さらにいっそう平和主義者の必要を感ずるであろう。剣戟の響きが止んだしばしのあいだ、われらは平和の声を上げなければならない。こうして内村は期待する。「神、あるいはわれらの小なる事業を祝したまいて、世はこれがために戦争を廃止するには至らずとも、平和の日を一日たりと長く維持するに至るかも知れません」(「平和成る」)。

日本が戦後、朝鮮を併合したとき、内村は大いに怒り、すでにこの事実によって、日露戦争が何ら《義戦》でないことが明白になったといっている。日本は、このたびも朝鮮の独立を守るという口実の下に戦争を始め、いまや、みずから朝鮮の独立を奪うにいたったからである。内村は、これが朝鮮民族のあいだに日本国民にたいする永続的な深い不信を植えつけ、両国民間の平和を損うことを深く憂慮したのであった。

そして彼が憂慮し予言したとおり、長い禍根が残されて今日にいたっているのである。

3　非戦論と再臨思想

第一次大戦の中で

それ以来、非戦の思想は、一貫して内村の中心思想の一つを形づくってきた。しかし、第一次大戦の勃発とそれにつづく世界の状況は、彼の関心をこの問題に集中させるにいたった。それは、史上はじめての世界観戦争であり、ドイツの野蛮な軍国主義にたいする十字軍として、あるいは逆に、イギリスの《商人精神》的偽善にたいする《英雄精神》(W・ゾンバルト)の戦いとして、いな、さらには《カルヴァン対ルター》(R・ゼーベルク)の闘争としてイデオロギー的に正当化された。(9) この全体戦争への協力を通じて参加国すべての教会は国家体制と一体化し、戦争の神聖化によって、いっそう戦争の残虐化を高めることに貢献したといえよう。

この前古未曾有の戦争――キリスト教諸国民によって闘われ、そのキリスト教会によって是認された戦争――は、内村に言い表わし難い衝撃をあたえた。とくに長年にわたって、彼の信仰上の第二の祖国であったアメリカが参戦したことは、彼に「大失望」をもたらしたのであった。内村は、アメリカが局外中立に出て、その富を戦禍の賠償に当て、「世界的戦争を買いとる」こと、つまり、アメリカが他の罪のため、他に代わって苦しみ、罪を贖うことを期待していた。そこには、キリストの贖罪からのアナロジカルな発想があった。しかし、アメリカの参戦とそのキリスト教会による正当化、さらに従来の平和主義者の多くまで一転して戦争賛美に狂奔するにいたったとき、幻滅は絶望の色を深めざるをえなかった。彼はこう書いている。

「世界は今や暗黒である。文明は三千年後もどりして、バビロン、アッシリヤ時代を再現したのである。獣力は今や世界を支配して、道理の声は聞かれないのである。もし西洋文明の功績がキリスト教を証明するものであるならば、キリスト教は戦争を生む悪魔の教えであって、平和の主の福音ではないのである。今や全世界は戦場と化し、全人類は兵士となりて立ちつつある」（「ノアの大洪水を思う」一九一五年）。

彼は、世界全体に瀰漫《びまん》する戦争熱の灼熱化をノアの大洪水に比し、まさにこの戦争の原因をノアの洪水と同じくキリスト教諸国民の神にたいする反逆、背信、偽善、堕落にみた。キリスト教諸国民の上に一大奔流のように襲ってきたこの戦争は、内村には、まさに「神の刑罰」として映らざるをえなかった。しかし、それは、同時に愛の神の「恩恵のむち」でもある。なぜなら、真のキリスト教は偽のキリスト教が敗退してのち現われるからである。神はキリスト教国を裁き、偽のキリスト教を滅亡に導きつつあるのである。

「キリストの福音が地に最上の権威を持たんがために、人の作りし海の権威と陸の権威とが戦場に衝突して、相互を滅ぼしつつあるのである」（「欧州の戦乱とキリスト教」一九一四年）。人類がその文明をもってなし能わざることを、神は「そのみことばをもって」なしたもう。いまや人間と国家にたいする期待は絶たれ、神を待ち望むべき時が来た。人間の窮境は神の機会である。

「人の子のしるし、天に現わる。欧州の戦乱、米国の堕落、これ、あけぼのの前の真暗である。主イエスよ、来たりたまえ」(「時のしるし」一九一六年)。

内村には、世界の諸国民は戦争を中止しようとは望まないようにみえた。しかし、この戦争は、いかなる代価を払っても中止されねばならない。世界を巻きこむ大戦争にたいする彼の幻滅が深くなればなるだけ、非戦の思想にたいする彼の確固たる信念も、ますます燃え立たざるをえなかった。これは、ついに内村の力強い再臨信仰となって現われるにいたる。それは、ただ神の決意と力とによってのみ、ついに戦争なき世界が地上にもたらされるであろうという、平和にたいする彼の不屈の信仰告白の帰結であった。こうして、いまや内村は、その信仰の同志とともに日本全国にわたって再臨運動を展開した。

再臨運動と終末論

たしかに、内村は、けっして体系的な思想家ではなく、その再臨待望を終末論の神学のかたちで体系化することをしなかった。さらにまた、この運動の信奉者のあいだに《再臨狂》が現われるに及んで、彼は、まもなく運動そのものを中止せざるをえなかった。しかしながら、彼の再臨観がけっしてファンダメンタルなものではなかったことは、とくに注目すべき点であろう。

内村は、主の再臨の日時を具体的に予言することを拒否し、またキリストの王権が地上的政府と同じ支配の形態をとるか否かにも疑問を投げかけている。「その日その時を……知らざるがゆえに、いそしみて待ち望むのである」（「余がキリストの再臨について信ぜざる事ども」一九一八年）。再臨の切迫性を口にして熱狂的になり、日常的な労働や歴史形成にたいする責任を放棄して顧みなくなるのではない。終末を望むがゆえに、かえって醒めた態度で現世における禁欲的規律と日常生活の合理化が可能となるのである。[10]

むしろ、内村にとっては、再臨は、時と場所とを超越した霊的事実として「超現世的事実」であった。再臨の希望は、信仰を支える必要不可欠の柱であり、初代のキリスト教は、まさにこの再臨待望に養われた信仰によって世に勝ったのである。「今日といえども同じである。この希望に養われずして、文化と共に日々に滅び行くこの俗世界に勝つことはできない」（「再臨再唱の必要」一九二九年）。したがって、内村の再臨運動は、本来、終末論的な観点からする時代批判の運動であったといわなければならない。

われわれはそれを多くの点において、当時ヨーロッパで登場した、徹底した終末論にもとづく《危機神学》と対比することができよう。内村自身、スイスの神学者レオンハルト・ラガーツの非戦論に注目し（「非戦の声」一九一七年）、またあとになって知った危機神学について、日記の中で「批評家はこれを《危機の神学》と称するも、これを《再臨神学》と称してよかろうと思う。欧州神学が大体においてキリスト再臨の信仰に近づきつつあるは著るしき事実である」（一九二五年五月二〇日）と記している。同じ年の「日記」にも登場する。「少壮神学者バルト、ブルンネル、ツルネーゼン、ゴガルテン等によりて新福音主義が唱えられ、……実に会心の至り」（同年一二月五日）と。

じじつ、内村もまた、危機神学と同じく、《文明の終末》を厳しく批判した。たとえば、彼にとって文明とは「人類が神の援助によらずして、自分の智慧と能力とによりて自分の安全と幸福を計る」人間のわざ以外のものではなかった。この点においては、ヨーロッパ、東洋、日本、いずれの文明のあいだにも相違はない。いっさいは根本において「人間主義である。地的であって天的でない」（「文明の最後」一九一五年）。

こうした表現は、文字通り、バルトの『ローマ書』を彷彿させるものがある。一例だけ引けば、「歴史とは、ある人びとの精神や力が他の人びとに一見優越するかのようにみえる営みであり、正義や自由というイデオロギーによって偽りかくされた生存闘争であり、新旧の人間の正義が互いに壮麗と空虚さを競いあって浮沈することである。歴史の終極は神の審判である」(11)。

同じく内村にとっても、国家の救済は文明と人類の進歩から来ると信ずるならば、大きな誤りであろう。文明は国家を救いえず、それを滅亡へ突き落とすにすぎない。「国を救うものは、文明以外にほかにある。それは、神の正義である。神がその独り子をもって世に示したまいし正義である」（「文明の最後」）。

ただ、内村の場合、戦前のわが国におけるバルト神学の受容とは、はっきり異なる特徴をもっていた。教会における危機神学的な終末論の翻訳や論議は、いわば彼岸的世界への超越を強調することによって、心理的に現実逃避を正当化する役割を果たしたように思われる。しかし、内村の場合、再臨信仰としての終末観は、歴史的現実との厳しい対決から生まれ、また歴史にたいするいっそう根源的な関わりを可能にするものであった。それは、《現世逃避的》ではなく、《現世拒否的》な（M・ウェーバー）宗教倫理であり、それが現世の諸関係にたいしてもつ緊張意識には、力強いダイナミックな発展契機がはらまれていたのである。[12]

再臨思想と平和の証し

それゆえに、内村は、ヴェルサイユ平和条約の締結をもっても、その世界大戦にたいする批判的態度を変えなかった。

「これで戦争がやんだのではない。一時、休んだだけである。戦争はなお続くのである。軍艦は盛んに造られつつある。師団は新たに設けられつつある。……この戦争はすんだ。

しかし、さらに大なる戦争は起こりつつある」(「平和来」一九一八年)。

彼は、中国の分割、インドの処分、太平洋の支配、そのいずれも世界戦争を起こすに足る原因となることを指摘している。内村にとって、パリで結ばれた平和条約は「バベルの塔」に等しかった。その結果は、「諸国民の結合にあらずして、その離散である」。国際連盟を「平和の福音」として迎え、大統領ウィルソンを「人類の救い主」として仰ぐというのは、たんなる「迷妄」であろう(「連盟と暗黒」一九一九年)。なぜなら、神にたいする「叛逆の癒やさるるにあらざれば、真の平和は地上に臨まない。神を除外せし、こたびの平和も、また長く続くものではない」(「平和来」)。

それは、ドグマティックな信仰的断定ではなく、むしろ、現実にヴェルサイユ体制の創設の当初から含まれていた自己崩壊の要因を鋭く突くものであった。連盟による国際連帯を無視するかにみえるフランスの同盟政策、対ソ不信を基調にもつイギリスの宥和政策、民族自決の差別的取り扱いに触発されたドイツのナショナリズム、さらに西欧列強の確執の影にかくれて植民地に渦巻く多くの問題など、今日からみれば、すでに歴然たるものが存在していた。

その後わずか二〇年にして全世界を戦乱に包んだ爾後の世界史の政治的展開は、こうした内村の預言の正当性を立証したものと言えるであろう。もしそうだとすれば、戦争は、もはや永久に止まないのであろうか。内村は、しかし、キリスト再臨の希望にもとづく平和を確信して動かなかった。

「万国の平和は実現しないのであるか。否、決してしからず。平和は神御自身これをくだしたもうのである。神はそのひとり子を再び世に送りて、彼の肩の上に世界の統治を置きたもうのである。しかして、彼が宇宙万物をおのれに従わせ得るの力をもって、永遠の平和をこの世に実現するのである。平和はひとり彼によりて来たる。彼を信ぜずして平和論を唱うるも、畢竟これ一の囈語《たわごと》にほかならないのである。世界の平和はいかにして来たるか。人類の努力によりて来たらず、キリストの再来によりて来たる。神の子再び王として来たる時、人類の理想は実現するのである」(「世界の平和は如何にして来たるか」一九一八年)。

こうして、キリストの再臨はじつに世界問題唯一の解決である、と断言する。

それでは、人はあるいは言うかもしれない。われわれは、そのときまで平和の唱道を止めているべきだろうか、と。戦争の放棄が不可能であることを認識する限り、非戦の思想を擁護することは不必要ではなかろうか。

内村は答えて言う。断じてそうではない。第一に、キリスト者は、戦争の否定が地上において実現されることを予期するがゆえに非戦論を唱えるのではない。まさにそれが神の御心にかなうがゆえである。「やむ、やまないの問題ではない。正か不正かの問題である。そうして戦争は不正である。不義である。罪悪の絶頂である。ゆえに非戦を唱えるのである」（「戦争廃止に関する聖書の明示」一九一七年）。内村によれば、この平和の証言は、神がすべての諸国民を審判するためにも不可欠のものである。不正そのものが絶滅されるためには、まず、何が正・不正か明らかにされていなければならない。「したがって、彼らには弁解の余地がない」（ローマ一・二〇）であろう。

第二に、われわれは、「平和を証せんがために」時を得るも得ざるも、怠ることなくつねに平和を唱えるべきである。ことに世の何びとも平和を唱えないときにこそ、訴えねばならない。国民がこぞって戦争熱に煽られているときこそ、敢然と、国民の憤激を恐れることなしに平和を主張すべきであろう。

「われらは潔き勇ましきおこないをもって主の再来を速むべきである。……真理を唱え不義を排して、主の再来を待つべきである。われらは神と共に働く者である。そうして彼が平和をもって上より臨みたもうに対して、われらは平和の準備をなして下より彼を迎えまつるのである」（「クリスチャンは何ゆえに善をなすべきか」一九〇六年）。

この内村の言い回しは、カール・バルトの神学を支えた《待ちつつ急ぎつつ》（ブルームハルト）という終末論に立つキリスト教倫理と共通しているであろう。バルト晩年の『教会教義学』講義の一節には、文字通り彼らの平和倫理思想の平行性が示されている。

「キリスト教的エートスはつぎの点に成り立つ。すなわち、『御国を来たらせたまえ』と祈るように解放され、呼びかけられた人間が、また、彼らの自由を用いて、彼らにあたえられた〔神の〕戒めに従い、彼らの側でも到来しようとする御国に向かって生きていくということである」[13]。

4　非戦論と兵役拒否

良心的戦死の思想

ここまでたどってきたわれわれは、最後に、内村の非戦思想におけるもっとも理解の困難な問題に触れなければならない。それは、内村の兵役拒否にたいする、一見、消極的にみえる態度決定の問題である。キリスト教的反戦の伝統からみれば、内村のような徹底的な非戦論は、当然、良心的兵役拒否を結論するように思えるかもしれない。しかし、日露開戦にあたって戦争に参加することを強制された非戦主義者にたいして、彼はこう説いている。

その「定めし制度により、国民の義務としてわれらにも兵役を命ずるに至らんか、その時には、われらは涙をのみ、誤れる兄弟の難におもむくの思念をもって、その命に従うべきである」と。

内村は、これこそ戦争廃止のための「最も穏健にしてかつ最も適当なる道」であるという。彼は、国家権力からの投獄や迫害をも恐れないで良心の命ずるままに兵役拒否を貫くことをすすめなかった。さらには戦場に出ても、直接武器を手にとらない衛生兵勤務のような可能性を選ぶ道をも考慮していない。

その理由として、他の人びとは兵役拒否を「生命愛惜のため」の「卑怯者」という疑惑の眼で眺め、非戦論そのものにも耳を傾けなくなるであろうから、という。かつまた、兵役拒否者の代わりに他の人びとが召集され、「他人の犠牲」に終わるのであれば、みずから進んでこの「兵役に服従すべきである」。ことに、すべての罪悪が善行によってのみ消滅しうるものとすれば、戦争も多くの「非戦主義者の無残な戦死」をもってのみ廃止されるであろう。それは、いわば好戦的な「国人を諫め」、罪に沈める「人類に悔い改めを促さんとする」「殉死」の行為にも匹敵するという。

「逝けよ、両国の平和主義者よ、行いて他人の冒さざる危険を冒せよ。行いて、なんじらの忌みきらうところの戦争の犠牲となりて倒れよ。戦うも、敵を憎むなかれ。そは敵なるものは今はなんじになければなり。ただ、なんじの命ぜられし職分を尽くし、なんじの死の、贖罪の死たらんことを願えよ。人はなんじを死に追いやりしも、神は天にありてなんじを待ちつつあり。そこに、敵人と手を握れよ。ただ死に至るまで平和の祈願をなんじの口より絶つなかれ」（「非戦主義者の戦死」一九〇四年）。

このように内村は、良心的反戦の思想を徹底化し、純粋化することによって《殉教》の死という観念に到達している。《良心的戦死》（阿部知二）とも呼びうるこの考え方は、ヨーロッパの反戦思想の系譜の中で類をみない独自性をもつ。[14] いわば無抵抗の精神の極致として国家の命令に服従し、国家悪を贖罪する自己の死において信仰を証ししようという。

むろん、それは、依然として命令への服従であることを変えないし、ヨーロッパの良心的兵役拒否に比較すれば、消極的な印象を拭い去ることはできない。それは、当時の天皇制国家が皇帝礼拝を強要したローマ帝国にも似た強圧政治をともなっていたからであろうか。さらにまた、《贖罪》の論理によって非戦主義者の死を正当化することは、非業の死を美化し《英霊》化する国家主義の論理に通じないだろうか。内村自身、こう述べている。

「もし世に『戦争美』なるものがあるとすれば、それは、生命の価値を知らざる戦争好きの猛者の死ではなくして、生命の貴さと平和の楽しさとを充分に知りつくせる平和主義者の死であると思う」と。

ここから戦争の宗教的美化にいたるには、ほんの一歩のようにさえみえる。聖書の真理と国家権力の強制力とのあいだの緊張をあれほど知っていた内村が、なおかつ、こうした《良心的戦死》の思想にまでたどり着いたのは、ついに彼が終生もちつづけた愛国心から由来するものであろうか。たしかに、ナショナリズムと結びついたキリスト教は、ヨーロッパにおいても祖国のための死を宗教的に正当化する伝統をともなっていた。第一次大戦の多くの戦死者の墓碑銘には、しばしば「友のために自分の命を捨てること、これ以上に大きな愛はない」（ヨハネ一五・一三）という聖句が刻まれていたという[15]。

しかし、内村の場合、《贖罪》に類比された戦死は、こうした特定の国家のための犠牲と直ちに同一視されてはいなかったことを見逃してはならないだろう。「博愛を唱うる平和主義者は、この国かの国のために死なんとはしない」。むしろ、「戦争そのものの犠牲になって、彼の血をもって人類の罪悪を一部分なりとあがなわん」とするのであると断言される。ここでは、狭隘なナショナリズムは、すでに普遍的な人類的価値において超えられていることが明らかである。

内村の場合、さらにいっそう重要な、いま一つの視点があった。かねて内村の信仰に傾倒していた花巻の青年斎藤宗次郎は、日露開戦の切迫する頃、徴兵令を拒否することを決意し、死刑を予期して身辺を整えつつ、その旨を内村に報じた。「重大な事件」とみた内村は、直接、花巻に赴き、斎藤青年にたいして翻意するように説得した(16)。

その際、彼は、非戦論と兵役拒否をめぐって「真理と真理の応用」の「混同」を厳しく戒めている。すなわち、聖書の真意をまげ、福音の伝道を妨げ、友人や家族に苦難をあたえるのは、愛の精神に欠けることにならないかと質《ただ》しているのである。

さらに、軍備撤廃や非戦論は平和をもたらす順序として唱えられる大事なことではあるが、平和は、「反戦論者」が思うような「地的、肉的の平和」を目的とする浅薄なものではない。また、いたずらに「外側から過激な手段で強制せんとする」ことはキリストの精神と方法に合致しないと言い、ここでも、イエスの無抵抗による勝利を訴えている。

しかし、最後に、内村は「真正の平和はキリストが再び臨《きた》り給うによってのみ望み得るものである。……十字架の福音を伝えて、一歩一歩平和のためにつくし、キリストの再臨にそなえ、神の審判を待つべきである」と説いている。このキリストの平和のための道備えという終末論的視点において、《祖国愛》としての戦死の宗教的美化は、究極的に成立根拠を失うであろう。

じっさい、斎藤青年にたいして、内村は、後日、「しかし、もし、良心の命令であるならば、やりたまえ」とも語っている。どうしても実行する場合には、「全く人に告げず、人に問わず、友にはからず、その関係の及ぶところを充分に察して、あらかじめこのために備えをなし、責任を自分一人で負うて行うべきである」というのが内村の考えであった。非戦思想の具体化——良心的兵役拒否をめぐって、状況にたいする周到な配慮と信仰的決断の自由がつねに要求されていたことを見逃しえない。

ボンヘッファーの罪の引き受け

とはいえ、内村の態度が、その非戦論からみれば一義的でない《矛盾》にみちたものと映ることも否定しえないであろう。この内村における《殉教》としての戦死の思想を考えるとき、ヒトラー治下のドイツで抵抗運動に加わり殉教の死を遂げた神学者ディートリヒ・ボンヘッファーのことが思い出される。元来、平和主義者でありながら、彼は、そうした《暴力》への加担を《罪の引き受け》として受けとめたのであった。ボンヘッファーによれば、責任ある行動において罪を自分の身に引き受ける者は、その引き受けの程度・範囲について、自己自身の担いうる力に応じて、その都度、「具体的な限界」をもつ。しかし、この罪を自分自身のことと考え、他の何ぴとにも転嫁することなく、しかも、「この罪を他の人間に代わって担い、彼のために責任を負う」というのである(17)。

たしかに、内村自身の立場は、ボンヘッファーの選んだ抵抗の道とは、行動のかたち――および方向――を異にしていた。しかし、その贖罪としての死の理解は、精神の深い内奥においては《罪の引き受け》の思想に通ずるものがなかっただろうか。いずれにしても、このボンヘッファーもまた、キリストの到来に先立つ人間の側から応答する責任として《道備え》ということに特別の注意を払っていたことは興味深い。

ボンヘッファー独特の用語に従えば、《道備え》とは《究極以前のもの》を保持する課題であり、《究極的なもの》、すなわち福音の宣教との関連においてのみ可能とされている。わかりやすく表現すれば、それは、広義における人間の悔改めの行為を意味する。しかし、《道備え》は、たんに「内面的な出来事」にとどまるのではなく、地上の世界において「目に見える行動のかたち」をもとりうるものだという。

内村が次のように語るとき、おそらく、このようなボンヘッファー的意味にも通じているのではなかろうか。

「非戦を唱えて、われらはバプテスマのヨハネのごとくに主のために道を備うるのである。ゆえに、われらの非戦の声も、ヨハネの悔い改めの声のごとくに、《荒野に呼ばわる声》である」（「戦争廃止に関する聖書の明示」）。

たしかに、「永久確乎たる平和」は平和の神の到来からのみ期待されるものである。しかし、内村は「政治家の平和運動」をけっして見下しているのではない。今日までの「平和会議」がことごとく失敗に終わったとしても、「善き目的」をもってなされるこれらの努力は、「その成功のためにささぐる私どもの祈祷に充分に値」するであろう（「平和の到来」一九二一年）。いわば終末論的視点からする内村によるヴェルサイユ体制批判は、《究極以前》の世界における相対的な評価と判断とを欠落させていたわけではない。

「戦争は最大の悪事である。ゆえに他国の戦争を廃するを待たずして、みずから進んでこれを廃すべきである。みずから剣を鞘に収めずして、他に兵器の放棄を要求するも、効果なきは明白である」（「平和会議とその効果」一九二一年）。

こうした内村の非戦論は、たしかに、彼自身認めたように「少数者の声」であろう。とはいえ、そこでは、まさに社会の良心としての少数者の使命が自覚的に担いとられていたのである。

5　非戦論の継承

じっさい、この正義と真理の声は、ただそれだけで終わることはけっしてないであろう。内村の死後、彼の非戦論は、その平和のための闘いの目撃証人となった彼につづく者たちによってさらに継承され、日本ファシズムの政治状況の中で展開されていった。その一つの例を矢内原忠雄についてみてみよう。

矢内原忠雄（一八九三―一九六一年）の生涯が平和主義の理想に貫かれたものであったことは、何ぴとにも異論のないところであろう。なかんずく戦前・戦中における軍国主義にたいする厳しい批判と抵抗の姿勢は、その信仰の師、内村鑑三以来の預言者的精神の系譜に立つことをまざまざと印象づける。預言の精神を欠き、殉教の決意を失ったキリスト教は、もはやキリスト教ではないということこそ、その教えであったから。同時に矢内原は、植民政策研究の分野における開拓者であり、その時代批判には社会科学者としての眼が光っていたこともたしかである。[18]

矢内原は東京帝国大学に学び、新渡戸稲造や吉野作造の講義に傾倒した。大学卒業後、一時、企業に勤務したのち母校に帰り、植民政策講座を担当した。植民政策に関する体系書のほか、台湾、南洋群島、満州問題など、すぐれた実証的研究を発表した。日中戦争が始まる中で反戦平和の言論著作活動のゆえに、一九三七年末、大学を追われ（いわゆる「東大矢内原事件」）、翌年からは月刊個人誌『嘉信』に拠って、軍国主義批判の姿勢を変えなかった。戦後、東大に復帰し、東大総長も務めた。この間、《平和憲法》の擁護とともに、キリスト教信仰にもとづく《絶対平和主義》を唱えつづけた。

＊　以下、矢内原の著作の引用は、主として『矢内原忠雄全集』（岩波書店）による。ただし、一部の文字表記については、読みやすくするため新仮名づかい等に改めた。

民族と平和

矢内原の代表的な平和論の著作『民族と平和』（一九三六年）を、まず、とりあげてみよう。これは、満州事変以後のいわゆる《非常時》下に民族問題ならびに平和問題に関して発表した論文・感想を集めたものである。東大矢内原事件が起こるとともに発禁処分に付された。

その中の平和思想に関連の深い代表的な論説の一つが「民族と平和」である。これは、当時の日本やヨーロッパにおける著しい民族主義の復興現象を手掛かりとして説き起こし、民族の本質、成立、将来、価値などの論点について、デモクラシー、資本主義、帝国主義などの歴史的文脈に即して原理的に論じている。矢内原にとって、民族主義それ自体は進歩的なものでもなければ反動的なものでもない。

「之を国家的利己心又は個人自由の抑圧又は好戦的目的に利用するならば、民族主義は進歩の妨害として現われ、之を、正義の為め自由の為め平和の為めに獲得するならば、民族主義は進歩への武器として作用する」。

ここには、社会科学的な分析を踏まえつつ、《愛国者》として生きた矢内原のナショナリズム評価の基本的姿勢を認めることができよう。

じじつ、この論文では「民族形成の自然的基礎たる地域及び人種的関係に於て比較的に統一が純であり、運命共同体としての歴史が特に長く、言語宗教伝説等に於て特に密接なる文化共同体を組織し、従って特によくまとまった典型的民族として著名なる日本人、誰か我等の言語を愛し郷土を愛し能力を愛せざる者があろうか。之を最も愛するものは、民族主義をば正義の為め自由の為め平和の為めに用いるものでなければならない」と言い切ることができた。

この論文は、つぎの文章で結ばれている。「今日民族意識が著しく高調せられ、内にありては自由主義思想の取締を励行し、外に関しては危機到来を放送し、以て民族主義的国論統一を計」る当時の日本における「かかるものとしての民族主義の復興は健全なりや否や、吾人の感慨蓋し小ではないのである」と。

いま一つの論文「真理と戦争」では、いっそう厳しさを増す思想統制の風潮の中で、まず、真理の本質を論じて言う。

「真理の探究即ち学問を抑圧することは、権力又は利益の、即ち政治の往々なすところであるが、それは決して真理に適える道ではない。実際問題としては権力によりて学問の自由を束縛し、或る種の学問を保護し或る種の学問を抑圧することが政治上便利なる場合があるであろう。併し、それによって招くところは真理探求の衰退であり、それだけ大局に於て人類の進歩と秩序を害するものと言わねばならない」。

ついで、真理と戦争の関係に転じてのち、「戦争は病気である。凶暴性精神病である。戦争は害悪である。反真理である」と断じている。むろん、「真理は一時に探求しつくされず、理想は容易に成就せられない。戦争の終止、平和の実現も又現実政治の問題としては近き将来の見透しの外に立つ」。しかし、そのことは、真理の探究や平和の努力を無意味とするものではない。かえって、平時より、そのためにたえず努力することを求めるものであろう。

「真理を愛する凡ての国家は学問の自由を尊重し、平和の国策を遂行すべきである。……平和思想の教養は平素之を訓練しなければならない。教練の必要は軍事についてのみ存するのではない。平和教練の必要は軍事教練よりも更に重要である」。そのことは、何よりも真理探求に従事する学問や宗教、学者や宗教者の義務である、と言い、「現代日本はかかる真理の探求者を要求する」と結論する。

『民族と平和』は、その第二部として、『嘉信』の前身であった個人誌『通信』に載せた文章を含んでいる。ここでは、矢内原のキリスト教的信条が端的に表明されている。

たとえば「平和の君」というエッセイでは、まず「戦争を好む性質」にみられる善悪両面を比較する。武勇、犠牲心などにたいして、憎悪や虚言、残酷などをあげ、「武勇犠牲などの高尚な精神」を戦争なしに養う道のあることを具体的に例示している。最後に「私の確信」として、イエス・キリストの生涯こそ「最大の武勇犠牲の精神を体現した」ものだと訴えている。

「戦争でなくとも、武勇犠牲の美しき花はクリスチャンの生涯に於て花咲き実ります。信じてごらんなさい、信じて見れば、之が戦争廃止に至るたった一つの根本的な道であることがおわかりになるでしょう」。

同じく「基督教に於ける平和の理想」というエッセイでも、「平和の基礎はキリストであり、その平和を実現したまう方法は十字架である」と指摘したのち、平和招来のためには「我等各自も亦十字架の道を歩まねばならないのである」と決意を表明している。

東大矢内原事件

以下、矢内原における平和主義を支えたこの二つの柱、キリスト教信仰からする洞察と社会科学的認識との関係について短く考えてみたい。

この関係は、矢内原が一九三七年に東大教授の地位を追われることになった事件の中に、いわば集約的にあらわれている。この追放の直接のきっかけをあたえたのは、周知のように、同じ年の『中央公論』九月号誌上に発表された「国家の理想」と題する論文である。その冒頭には、こう記されている。「現実国家の行動の混迷する時、国家の理想を思い、現実国家の狂する時、理想の国家を思う。之は現実よりの逃避ではなく、却って現実に対して最も力強き批判的接近を為す為に必要なる飛躍である」と。社会学者カール・マンハイムの《ユートピア》の概念規定を思わせるこの文章には、はっきりと超越を媒介とする現実への緊張感覚がみなぎっている。(19)

国家の理想とは社会を組織化する根本原理である、と言い、それは「対内的には社会正義、対外的には国際正義」であり、「平和を以て両者共同の必然的政策とする」と断定している。ここから、「自己の生存を理由とする」対外侵略政策の不正を糾弾し、また政府が「表面的挙国一致」と「国民的熱狂」をつくり出すために行なう自由な言論の弾圧と大衆にたいする一方的な宣伝とを鋭く批判している。

なぜなら、「真の愛国は現実政策に対する付和雷同的一致に存するのではない。却って付和雷同に抗しつつ国家の理想に基いて現実を批判する預言者こそ、国家千年の政策を指導する愛国者である」から。最後に、この社会哲学的論文は、こうした預言者的批判の根拠について、こう結論している。「無批判は知識の欠乏より来るのみではない。それは理想の欠乏、正義に対する感覚の喪失より来る。直観の貧困、啓示の枯渇より来る」と。

この論文でも、じじつ、イザヤの預言と警告が詳細に引かれているが、同じ年の秋に行なわれた藤井武記念講演では、この「国家の理想」がまさに「神の国」にほかならなかったことが明らかになる。しかも、『中央公論』の論文が、慎重に日本についての言及を避けて一般論として展開されていたのと異なり、ここでは、はっきり日本の中国侵略の現実（この年の夏に、日中戦争が始まっている）と対比して糾弾されている。

「導く者は虚偽であります。民衆は愚鈍であります。義であることを不義と呼び、不義であることを義と呼び、叛逆でないことを叛逆と呼び、愛国であることを愛国と呼ばない。凡て価値判断がひっくり返しになって居る。それを我々は、ひっくり返しをひっくり返さなければならない」。

そして、有名な一句で結ばれる。

「今日は、虚偽の世に於て、我々のかくも愛したる日本の国の理想、或は理想を失ったる日本の葬りの席であります。私は怒ることも怒れません。泣くことも泣けません。どうぞ皆さん、若し私の申したことが御解りになったらば、日本の理想を生かす為に、一先ず此の国を葬って下さい」。

この最後の一句こそ、文部省の圧力にたいして、ついに東大当局が矢内原を守り抜くことを断念せざるをえなかった理由とされている。

植民政策論と黙示録

矢内原の平和主義がその長年にわたる植民政策の社会科学的研究を背景としていたことは、

いうまでもない。たとえば、その大著『植民及植民政策』（一九二六年）は、当時の多くの同学の研究者たちが、いわば植民政策弁護論を基調としていた中で、カウツキー、ヒルファーディング、ローザ・ルクセンブルクからレーニンにいたる植民政策批判者の理論をもとり入れ、その資本主義的特徴や性格をも解明した画期的な労作である。伝統的な植民政策学を批判的に克服しようとする斬新な企てであり、じじつ、そうした観点から個別の植民地経営の実証研究としても豊かな成果をあげたことは、よく知られている。

『植民及植民政策』の最後には、植民政策の「現実と理想」について、こう述べている。現実の植民政策は、力を背景とする「植民者の利益中心主義」であり、原住民の抵抗を受けざるをえないものである。したがって、それは、いまや露骨な植民地従属主義から、しだいに保護的相互共存主義を標傍するようになりつつある。とはいえ、「国と国、民と民との自主的結合関係に基く完き世界経済世界平和の実現」は、功利にもとづく現実政策からは保証されることができない。こうして本書は、この理想実現の努力を促す希望の根拠を、つぎのように提示して結ばれている。

「虐げらるものの解放、沈めるものの向上、而して自主独立なるものの平和的結合、人類は昔し望み今望み将来も之を望むであろう。希望！　而して信仰！　私は信ずる、平和の保障は『強き神の子不朽の愛』に存することを」。

これが、この厳密に社会科学的に論述された植民政策学の結論である。

じっさい、そこでは、「実質的植民」、つまり、地球上各部分の余すところなき経済的利用の「終極的実現」について、「荒野とうるおいなき地とはたのしみ、沙漠はよろこびて番紅《サフラン》の花の如くに咲きかがやき……」というイザヤの預言が「植民の理想的実現」を暗示するものとして引かれているのも偶然ではない。ここには、批判的植民政策学の根底におかれた終末論的希望というユニークな思想構造が明らかである。

この連関を、もっとも端的に示す具体的なケースを引いて説明してみよう。植民政策学の一節で、たとえば民族的背景を無視した同化主義の原住民教育が教育的にも統治的にも誤っていることを、はっきり批判している。とくに植民地の民心統合のために推し進められていた神社造営について、こう記している。

「政治目的の為めに利用せらるる宗教又は教育は往々『人民の阿片』であり、そはあらゆる社会的害毒の中の最大害毒となる故に、植民者と原住者との宗教的接触に関しては何等の政治的強制利用若くは妨害あらざるべきである」。

その後、朝鮮半島や台湾など、日本帝国の植民地における戦時中の露骨な皇民化運動や強制的な神社参拝などの政策を見れば、矢内原の見解とはまったく逆の方向をとるものであったことは言うまでもない。

ところで、戦時中に矢内原が少数の青年たちを前にして語ったヨハネ黙示録の講義の中で、この同じ倒錯した植民地政策の問題をめぐって厳しい現実批判が語られていることを見逃してはならない。「地より上がってくる獣」について論じた黙示録一二―一三章が講じられたのは一九四二年一月のことであった。

「その日の講義で、私は日本における信仰の弾圧とそれに対する教会の屈服とを論じ、朝鮮に於ける信仰の迫害と神社参拝強要の事実を指摘し、共栄圏に於ける異民族に対する宗教政策の問題を批判し最後に信仰の堅持を勧めて次の通り述べている（速記のまま）。『……我々は天に在っては既に戦いは勝たれている、地に在っては地が口を開いて川を呑んでくれる。それで自分たちの信仰の戦の意味も、事の起りも終りも、こうして示されておりまス。あとは忍耐する事と、信仰する事だけなんです……』」。

先に社会科学的に分析批判した植民政策の同じ問題が、ここでは黙示録講解を通して批判的に照射されている。それは、矢内原において、終末論的信仰こそが時代の嵐を超えて現実を正しく見透すことを可能にした力であることを教えている。

帝国主義論とイエス伝

じっさい、戦時中における矢内原の平和主義の闘いは、こうした信仰と学問とを相即させた軍国主義の社会科学的分析に、はっきり裏打ちされていた。たとえば、戦後に公刊された『帝国主義研究』に収められた戦前の論文「軍国主義、帝国主義、資本主義の相互的関連」(一九三四年)をみてみよう。

そこでは、まず資本主義と帝国主義との関連を問い、「近代帝国主義の必然的基礎が独占資本主義に存する」ことが、はっきり確言されている。それは「ヒルファーディング、レーニン、ブハーリン等の理論的分析」と「ジスレリー以来の政治史」にもとづいて理論的にも実際的にも立証しうるところである、と。しかし、つづいて帝国主義と軍国主義をめぐって独自の関係が指摘される。つまり、資本の拡張再生産が停滞するとき、軍備拡張も停滞し軍備縮小が引き起こされる。「然るに軍部の職業的利益はこの軍縮と反対の方向にあり、而も軍備拡張は当然戦争を、従って帝国主義的行動を予想してのみ行われ得るのです。ここにおいてか資本の躊躇する時においてすら、軍国主義は率先して帝国主義の実行者となる」と。

とはいえ、さらに軍国主義と資本主義との関連をみるると、両者の矛盾とみえるものは、いちじるしく限定されたものにすぎないことが明らかになる。軍国主義の反資本主義政策は、二つの方向をとる。一つは、独占資本下において農民的中産階級が被る圧迫にたいして、前資本主義的経済原理による救済を計ろうとする主張である。他の一つは、近代軍備の科学性に対応して生産設備の国家的動員計画にもとづく統制経済の要求である。「しかも前者は独占資本主義の範囲においてのみ精々若干の修正を試み得るに止まり、後者は却って独占資本主義を促進する。軍国主義が資本主義の本来の敵対者にあらざることを知るべきである」。

こうしてみれば、すでに《満州》侵略以後のわが国の軍国主義＝ファシズムの遂行について、まことに正確な社会科学的診断にもとづく見通しがあたえられていることがわかる。しかし、当時、戦争の拡大につれて、多くの知識人や研究者たちは、しだいしだいに時流に押し流されていった。じっさい、帝国主義にもっとも正面から反対しえたはずのマルクス主義的立場の社会科学者のあいだからも、挫折を余儀なくされ、ついには大東亜共栄圏論の合理化に貢献する者さえあらわれるにいたった。

こうした中で、「《正統》マルクス主義者ではない矢内原忠雄のほうが『満州問題』（一九三四年）などで日本の中国侵略に厳しい批判を投げて、時流に抵抗した(20)」のは何故だったろうか。その力はどこから由来したのか。

東大を追われてのち、矢内原が少数の青年たちと共に学んだ聖書講義が、その消息を伝えている。たとえば『イエス伝講義』からイエスのガリラヤ伝道における《神の国のたとえ》を講解した文章をみてみよう。

「神の言を説いても、信じて受ける人は寥々たるものです。それのみならず我が熱誠籠めて神の言を説けば説くほど聴く者は心を頑にし、敵が現れて我を追い出し、我が生命身体の自由をさえ奪おうと隙を狙って居る。世間は我が福音に背を向け、我が願わざる方向へと驀進する。我は悵然《ちょうぜん》として己が孤影を顧みるのみです」。

あるいは、マルコによる福音書一三章のイエスの終末預言の講解では、すでに当時始まった無教会キリスト者に対する官憲の弾圧に関連して、こう語っている。

「『汝等みずからに心せよ』。併しその時に、イエス・キリストが一番先頭に立って往かれたことが此処にちゃんと載せられている。ペテロ、ヤコブ、ヨハネ、アンデレ、パウロたちも続けて往った。下っては我々風情の者も従っているんだから、私の処に来て聖書を学んだ以上は諸君もついて往かなければならない」。

ここには、世をあげて戦争に狂奔した暗い時代に、孤絶の対決の姿勢を崩さなかった矢内原が、ただイエスに従う者として歩んだ主体的な信仰告白が表明されている。「真理のために殉ずる戦闘的精神」の秘密を、これほどはっきり伝えるものはない。こうして、矢内原の平和主義は、社会科学的認識と聖書におけるイエスとの出会いとが彼の人格において主体的に統一されることによって可能となった、と言えるのではなかろうか。

＊

日本国憲法第九条の平和主義は、内村や矢内原に代表される近代日本の平和と反戦の思想的系譜の中に立つものである。それは、戦争のために武器を手にとらない決意を国家的規模で実現した国民的兵役拒否の体制にほかならないから。内村やその系譜に立つ人びとの信仰と真理の遺産は、戦後の今日、さらに新しい闘いの課題を設定しているといわなければならない。

内村は軍事的大国主義を否定して、殖産的小国主義を推奨した。彼がその理想を実践した国としてデンマークを高く評価したことは、よく知られている。

「デンマークは理想の農民国である。……わが九州よりも少しく大なるだけの面積と、わずかに三百万の人口とをもって、主として農業をもって、全世界の尊敬をひくに足るの国家的生命を営みつつある。その文学、美術、哲学、宗教をもって、人類の進歩に貢献せしところ多大である。……デンマーク人一人の有する富は、英国人または米国人一人の有する富よりも多くある。そしてこれは主として農産物をもって成る富であると知らば、驚くほかはない。日本は元来、農本国である。今より大いにデンマーク国に学んで、農をもって強大なる平和的文明国たるべきである」(「西洋の模範国――デンマーク――」一九二四年)。

内村はドイツ＝オーストリアとの戦争に敗れてシュレスウィヒ、ホルシュタイン両州を奪われた小国デンマークが平和的な国家再建に成功した詳細を「デンマルク国の話」(一九一三年)の中でも語っている。そこから引き出した結論はこうである。

それは、「第一に戦敗必ずしも不幸にあらざる事を教えます。国は戦争に敗けても亡びません、実に戦争に勝って亡びた国は歴史上決して尠なくないのであります。国の興亡は戦争の勝敗に因りません。其の民の平素の修養に因ります」。さらに「第二は天然の無限的生産力を示します。……外に拡がらんとするよりは内を開発すべきであります」。現代風に言い直せば、これは大国主義を否定して小国主義に徹すること、国際的侵略の道でなく農業立国に象徴される国内の社会開発を優先する政策である。

しかし、内村は、「第三に信仰の実力を示します、国の実力は軍隊ではありません、軍艦ではありません、特に又金ではありません、銀ではありません、信仰であります」という。真に国民を生かすものは、軍事力でも経済力でもなく、《信仰》である。いわば人格の尊厳や個の確立、普遍的価値に開かれた国民的エートスの育成にある、と説くわけである[21]。

内村の場合、それは義戦論にたいする痛恨からする非戦論への転換によって始められ、さらに終末論的な平和への待望に象徴される超越的価値との関わりにおいて可能となった。ひるがえって今日、石油危機以来《終末論》が流行しながら、平和の理念にたいする原理的問いは、完全に忘れられてきたかにみえる。

こうした現代日本の状況の中で問われているのは、軍備の拡大による《抑止力》強化ということではありえないだろう。今こそ平和を望むゆえに平和を準備する預言者の警告の言葉に耳を傾けるべき時ではなかろうか。

（1）　森有正『内村鑑三』（講談社学術文庫）七三頁。
（2）　丸山眞男「内村鑑三と『非戦』の論理」（『丸山眞男集』第五巻、岩波書店、所収）三二〇頁。
（3）　Vgl. R. Dahrendorf, *Gesellschaft und Demokratie in Deutschland*, 1965, S. 46 ff. そのほか、たとえ

ば、cf. B. Moore, *Social Origins of Dictatorship and Democracy*, 1966, p. 252 ff.and 433 ff.（『独裁と民主政治の社会的起源』宮崎・森山・高橋共訳、岩波現代選書）。

（4）一般に内村の歴史観については、松沢弘陽「内村鑑三の歴史意識」（『北大法学論集』一七巻四号、一八巻一号、一九巻四号、所載）、参照。

（5）たとえば、松本三之介『近代日本の政治と人間』（創文社）一九九頁以下、参照。

（6）丸山、前掲書、三二一頁。

（7）小崎弘道『七十年の回顧』（警醒社）一八九―一九〇頁。なお、植村正久「基督教と戦争」（佐波亘編『植村正久とその時代』第五巻、教文館、所収）八七三頁以下、参照。

（8）W. Pannenberg, Der Friede Gottes und der Weltfriede, in : *Ethik und Ekklesiologie*, 1977, S. 147.

（9）たとえば、vgl. K. Schwabe, *Wissenschaft und Kriegsmoral. Die deutschen Hochschullehrer und die politischen Grundfragen des Ersten Weltkriegs*, 1969.

（10）たとえば南原繁は、内村の再臨運動の提唱に感動して、当時、白雨会のメンバーにたいして「自分の公職も極する処之にあり、即ち、主が再臨為さる迄に、自分の預かり居る処を充分に手入し、綺麗にして、主にお返えし申さん」と述べて、一同の共感を呼んだという（石原兵永「私の接した南原先生」、丸山・福田共編『回想の南原繁』岩波書店、一一五頁以下）。

（11）K. Barth, *Römerbrief*, 2. A. 1922 (8. Abdruck der neuen Bearbeitung, 1947), S. 51（『ローマ書』吉村善夫訳、新教出版社。小川・岩波共訳、河出書房）。なお、危機神学の終末論的倫理については、宮田光雄『政治と宗教倫理』（岩波書店）一二二頁以下、参照。

（12）　M. Weber, *Wirtschaft und Gesellschaft*, 5. Aufl. 1972, S. 350（『宗教社会学』武藤・薗田（宗）・薗田（担）共訳、創文社）。

（13）　本書、六八頁、参照。

（14）　阿部知二『良心的兵役拒否の思想』（岩波新書）八九頁以下。近代日本における兵役拒否の困難な闘いを実証的に究明したものとして、とくに菊地邦作『徴兵忌避の研究』（立風書房）、参照。そこでは、兵役拒否者を「極悪非道の非国民」として疎外し、兵役拒否そのものを「タブー視」する天皇制国家の精神風土が鮮明に浮かび上がってくる。

（15）　Vgl. G. Giese, Was ist des Deutschen Vaterland heute?, in : E. Wolf (hrsg.), *Zwischenstation*, 1963, S. 104. なお、vgl. R. Koselleck u. M. Jeismann (hrsg.), *Der politischen Totenkult. Kriegsdenkmäler in der Moderne*, 1994.

（16）　斎藤宗次郎『花巻非戦論事件における内村鑑三先生の教訓』（牧歌社）。以下の引用は、これにもとづく。

（17）　D. Bonhoeffer, *Werke*, Bd.6 : Ethik, 1992, S. 275 ff.（『現代キリスト教倫理』森野善右衛門訳、新教出版社）。ボンヘッファーにおける《罪の引き受け》を含む責任倫理と平和思想の関係については、宮田光雄『ボンヘッファーとその時代』（新教出版社）参照。

（18）　矢内原忠雄については、藤田若雄『矢内原忠雄――その信仰と生涯』（教文館）、南原繁他編『矢内原忠雄――信仰・学問・生涯』（岩波書店）、西村秀夫『矢内原忠雄』（日本基督教団出版局）など、参照。

（19） Vgl. K. Mannheim, *Ideologie und Utopie*. 4. Aufl. 1965（『イデオロギーとユートピア』鈴木二郎訳、未来社）。なお、vgl. A. Neusüss (hrsg.) *Utopie. Begriff und Phänomen des Utopischen*, 1968.

（20） 安藤彦太郎『日本人の中国観』（勁草書房）一〇九頁。

（21） 大江志乃夫『非戦の思想史』（講談社現代新書）一〇六頁以下。小国主義の現代的意義について、たとえば川田侃『「小日本主義」のすすめ』（ダイヤモンド社）、参照。

4　非武装市民抵抗の構想

日本国憲法九条の防衛戦略

日本国憲法の平和原理の核心は、第九条の永久武装放棄の宣言にある。そこにこそ、この憲法の世界史的独自性が存在するのである。しかし、これにたいして「《平和論者》には防衛の戦略論がない」という非難が口にされはじめてすでに久しい。

たしかに、これまでは現実の紛争状況を有効に解決する唯一の手段は軍事力である、と固く信じられてきた。この背後には、戦争を人類の歴史における《自然史的な》出来事とみる抜きがたい思い込みが横たわっているのであろう。われわれは、しばしば、過去において嘗めた苦い体験から歴史の法則を引き出し、冷静な現実認識を曇らされて誤った脅威と格闘しがちである。したがってまた、非武装による平和の立場は、行きつくところ無抵抗のまま降参するしかない、といった当初から悲観的な意見も一般的なのである。

しかし、このような議論の立て方は、考えるべき幾つもの段階を余りにも単純に無視したものといわなければならない。たとえば侵略という非常事態が平和時の真只中に突発するようなことはありえないだろう。そうした危機にいたる前に、国際関係を平和に保つため外交上の努力を周到に重ねることを問われている。かりに軍事的防衛の路線を選ばざるをえないと考えるとして、どこまで軍備を拡大すれば十分ということになるのだろうか。

最近になって、日本の世論の中には、国を守るために徴兵制から核兵器の保有も必要だ――その場合、先制攻撃も辞さない――という極論まで出ているようだ。しかし、少し冷静な頭で考えれば、過密な人口と大きな工業力をもつ日本という国土の特性が、核兵器による攻撃にたいしてもっとも脆弱な国家であることは明らかである。いな、狭い島国列島のいたるところに五〇箇所以上の原発施設が散在していることに思いいたれば、そもそも核弾頭を搭載しない通常のミサイル攻撃であっても、同じ壊滅的事態が確実に生じうることがわかるだろう。

じっさい、軍備をもたないからといって、侵略を受けたら直ちに降参すると決まっているわけではない。不当な侵略に反対して国民が不服従の決意をもち、あくまでも非暴力で抵抗する途は残されているのではなかろうか。西欧や日本のような高度工業社会においては、非暴力で戦う方がいっそう有効ではないか、という研究さえ進められている。

以下においては、非暴力という新しい発想にもとづく防衛研究の諸成果を参考にしながら、憲法第九条から引き出すことのできる《別の選択肢》を構想してみることにしよう。

1　非武装による防衛構想

国を守るとは何か

軍事力による防衛という場合に、いったい、われわれは何を守ろうとしているのか。それをいかなる攻撃にたいして、いかなる手段によって守ろうとしているのか、を問い直すことから、まず始めてみよう。

防衛目標は何かという問いは、昔であれば《祖国と帝室》という常套文句で片づけられてきた。今日でも、さしあたり生命・財産・国土といった具体的利害のことだと、容易に回答できると考えられている。この場合、国土（領土）は、主権国家の基礎として国家が生命・財産の安全を保障しうる前提であり、外敵の侵略にたいして国境を防衛しうることに軍事力の役割が存在した。しかし、こうした考え方は、今では軍事技術の進展につれて、明白な矛盾に逢着しているといわなければならない。

すでに冒頭で指摘したように、長距離ミサイル兵器と核弾頭は、戦争の勃発した場合、領土権にもとづく近代国家の防衛原理を廃棄するものである。すなわち、実際上、あらゆる任意の地点に到着しうる可能性をもつことによって、国境の不浸透性と領土の不可侵性という空間的前提は、その成立根拠を失ってしまったから。国家の主権的自律性を保障するかに思われた侵入困難な国境という《固い外殻》(J・ハーツ)は、ミサイル防御システムの存在をもってしても、ほとんど保障することはできない。また現代の戦争においては、いかなる軍事防衛の手段も、一般民衆を戦争の影響から免かれさせることはできない。じじつ、民間人のあいだの死傷は、戦闘員である第一線の兵士たちのそれよりも、いっそう多くなることが確実に予想される。

むしろ、現代の国際政治においては、守られるべき《外殻》は、目に見える領土ではなく、政治的・心理的にとらえる方がいっそう有効であろう。この政治的・心理的国境の防衛ないし変動は、実際の軍事的闘争によるというよりも、むしろ、たえざる威嚇と対抗威嚇との中で行なわれているといわなければならない。

今日、《国を守る》とは、国の精神的独立、つまり、社会的伝統や政治文化の枠の中で国民の生活を形づくり、みずからの意志に従ってそれを維持し、あるいは市民的自由と権利とを守ることを意味する。領土ではなく、人間らしく生きる理念と社会的生活様式こそが防衛目標となっているのである。国家の領土的統一性は、直接的に守られるのではなく、領土の上に存在するこうした思想と制度とを防衛することによって間接的に守られるのだといってもよい。《市民的防衛》(Civilian Defence)が、しばしば、《社会的防衛》(Social Defence)の名で呼ばれるのは、そこから由来している。

じじつ、今日、いささかの現実性をもって想定しうる侵略があるとしても、いわゆる《間接侵略》でしかない。それは、外国勢力の支援を背景にもつとしても、直接目指すのは軍事的な干渉や侵略ではなく、政治的・思想的な攻撃であり支配であろう。こうした《間接侵略》に対抗するもっと有効な方法は、いうまでもなく本来の社会的安定のための国民福祉の実現以外にはないはずであろう。大衆の不満や暴動を恐れて、治安力や軍事機構の強大化に狂奔することは、まさに本末顛倒した《政治の貧困》を端的に示すものにほかならない。

《直接侵略》を仮定することで見えてくるもの

少なくとも核戦争の脅威下においては、外国軍隊による領土の破壊をともなう《直接侵略》は、占領そのものに価しないゆえに主要な関心対象とはなりえないと考えるべきであろう。むしろ、核大国との同盟関係に入ること、《核の傘》の下に守られて生きるために軍事基地を提供することは、ほんとうに平和な生活と安全とを確保することになるのか否かを改めて考え直してみなければならない。

将来においてグローバルなヘゲモニーをめぐる大戦が勃発する際には、身近な現実として何が起こるだろうか。まず、紛争当事国から本来の敵にたいする軍事拠点として叩かれたり、占領されたりする蓋然性が高い。それだけではなく、直接的な核攻撃による絶滅の危険をも、いっそう多くもつとさえ言うべきではなかろうか。そのとき、たとえ一兵の敵すら国境を越えて侵入しなかったとしても、自国の存在そのものに終止符を打たれることになりうるのである。

したがって、われわれは、《直接侵略》が、現におかれている国際政治的条件においては、実際上は、きわめて蓋然性に乏しいことを認めた上で、以下においては、あくまでも仮定された可能性として予測されうる脅威の種類、軍事力によらない新しい防衛方法の妥当性などについて議論を進めてみよう。従来は、国土を占領されることは全面的敗北と同一視され、もはや外からの軍事力によって解放されることを待望するほかないと考えられてきた。そもそも、侵略を想定したり占領の状況を議論したりすること自体、敗北主義ないし防衛意欲の欠如とみなされがちであった。

しかし、まさにこの侵略され占領されるという時点から、非暴力市民抵抗という新しい防衛構想を展開する舞台が始まるのである。非暴力行動は、軍事的行動が敵の破壊と殺戮の最大効率を狙うのとは異なったアプローチにもとづいている。それは、侵略者が被占領民衆の生活に統制を加えようとする場合とうぜん必要とする支援や協力を、敵にたいして与えるのを拒否するものである。したがって、市民的抵抗は、政治権力を根底的に問い直し、いっそう透徹した見方に立っていると言うこともできよう。すなわち、支配する者の権力は、究極的には、その支配する民衆からの支持に依存しているという事実認識にもとづいているのである。

たとえば支配の道義的権威、官僚機構、軍隊や警察などの強制装置、さらに経済的関係など、その権力の直接的支柱とみえるものも、つまるところ、その有効性を被治者民衆の積極的・消極的な承認ないし服従に負うている。そうした正当性感情が広く存続するかぎりにおいて支配は安定性をもつが、逆に、そうした民衆的支持が消失するなら権力は崩壊せざるをえない。その意味では、権力を最終的に担保する《根拠となるもの》は、一般に想定されるように物理的強制力ではけっしてない。むしろ、支配にたいして自発的な服従行動をとるかあるいはとらないかを決定する《民衆の究極的理性》(ultima ratio populi) にある、といっても過言ではない。

外国軍隊の侵入は、けっしてそれ自体が目的ではない。むしろ、領土の占領を必要とするいっそう大きな目的を達成するための方法である。さらにまた領土の占領は、そこに居住する人間にたいする支配と直ちに同一ではない。闘争の帰趨にとって決定的なのは、誰がより広大な領土を占領したかではなく、誰が民衆の支持をみずからに獲得しうるかにかかっている。

この戦略構想は、基本的には、市民的抵抗によって領土にたいする侵略を防ぐことはできないとしても、占領軍が獲得しようとする利益を低減させ、あるいは侵略者の士気を弱体化させることによって、侵略を中止して撤退させることを意図するものである。ここに、非武装平和主義のよるべき具体的戦略の基本的な手掛りを発見できるのではなかろうか。

2　市民的抵抗の諸形態

抗議の意思表明

キング＝ホールは、外からの非核攻撃に備えて小規模の通常兵力を維持し、侵略に際し国境に沿って短期の《象徴的抵抗》を行ない、こうして侵略者が誰であるかを世界に向かって明らかにすべきだ、と説いている。しかし、イギリスや日本の場合、島国という地理的特性は、そうした象徴的行動を必要とはしない利点をもっている。海を越えて侵入してくる行為は、すでにそれだけで侵略戦争であることを十分に立証するメルクマールとなるであろう。

《市民的防衛》の政策をとる国と侵略軍の将兵との最初の出会いが軍事的戦闘であり、それが不可避的に彼らの多数に死傷をもたらすならば、《市民的防衛》のかかげる平和主義的志向にたいする信憑性を当初から疑わせることにならざるをえない。不法な侵略にたいする怒りにかられた自然的反応として応射することは、かえって敵将兵の団結と決意とをいっそう強めるにすぎないだろう。

サボタージュは、この点、暴力的および非暴力的抵抗という二つの形態のボーダーラインに立っていると思われる。一般的には、橋梁や建物を破壊することと非暴力抵抗とを結合することは困難である。しかし、この場合、とくに重要なのは、目的物とタイミングとを慎重に検討することである。侵入の迅速な成功を妨げるための妨害工作と、人命の重大な殺傷とそれに引きつづく報復行為を引き起こしうる破壊工作とのあいだには重大な相違がある（A・ロバーツ）。

侵入が効果的に阻止されない場合、この初期段階の非暴力抵抗は、主としてシンボリックな行動を基調とする。それは、第一に、被侵略国の市民の士気と連帯感とを強化すること、さらに侵略者にたいして、その国を統制ないし占領目的に利用しようとするいずれの企図にも抵抗決意のあることを明らかにするためになされる。ジーン・シャープは、非暴力行動の方法を実践における《政治的柔術》と呼び、数多くの実例を分類・収集している。

そうした初期行動には、弔旗の掲揚から喪服や喪章の着用、全日または数日間の外出中止、沈黙デモ、抗議集会など、さらにあらかじめ定められた短期のゼネストなどが考えられるだろう。このゼネストそのものは、純粋な示威行動的性格のものであり、労働者たちの一体的な抵抗参加の意思を表明することは、何よりも侵入によって民衆を《解放》するのだというプロパガンダを打破するであろう。侵略国がそうした《イデオロギー的アキレス腱》をもつ場合には、それは、とくに有効に作用するだろう。

全面的な非協力行動としてのゼネストについては、その劇的効果と同時に市民生活そのものを圧迫しうるところから、研究者のあいだでも意見が分かれている。味方の側の責任によって引き起こされる食糧不足などの苦難に耐えることを、広範な民衆に長期にわたって要求ないし期待することは容易ではない。しかし、危機的時点において短い期間を限った全面的な非協力行動は、広範かつ強力な抗議の意思表示として有効なことはいうまでもない。

対決行動の展開

さらに進んで、戦う市民の側から占領軍に対して積極的に対決行動に打って出る可能性もありうるだろう。この抵抗の主導権をみずからの手に握る《対決》は、たんにデモの現場において生ずるのみではない。むしろ、《通敵協力》なしに営まれている日常的な生活や労働の現場で生ずるのである。

この《対決》の方法には公然たる強力な手段をとることも考えられる。たとえばバリケードや座り込みによって重要な輸送手段をブロックするとか、さまざまの形態のシット・イン、スタンド・インなど。さらに占領軍のラジオ・テレビ放送の破壊、政治囚の釈放、その他、周到に選択され統制されたサボタージュなど。その際、このサボタージュは――きわめて困難ではあるが――流血をともなうことなしに行なわれることが重要である。いずれにせよ、そこでは直接に顔と顔とを合わせる一対一の対決が目指される。

こうした場合、とくに非暴力抵抗にとって基本的に重要なのは、侵略国の政府とその個々の人間とを区別するように留意しておくことである。暴力的抵抗形態は、占領軍の全メンバーを敵対的人格とみる前提のもとに行動しがちである。しかし、彼らを、その現に演じている敵としての《役割》から区別して《人間》仲間とみなすこと、こうした感情を広げることは、《市民的防衛》に従事する場合に非常に啓発的な意味をもっている。

それは、占領の遂行ないし維持を妨げるために、直接、占領軍要員の身体・生命を損なう代わりに、その士気ないし戦闘精神を弱体化させることをねらいとしている。非暴力の倫理に立った人間理解に従えば、相手側は区別なしに《トータルな》敵なのではなく、むしろ、限定された観点においてのみ《敵対者》としてとらえられるのである。その場合、相手は多くの役割——たとえば、夫として、父として、ある職業の担い手として、ある宗派のメンバーとして——を演ずる人格であることが容易に理解される。《敵対者》としての役割は、これら多くのもののうちの一つにすぎない。

市民的抵抗は、まさにこの兵士としての役割を彼が演ずることにのみ対抗しようとするのである。直接的に、この特定の役割を阻止しようとする方法によって、あるいは間接的に、それ以外の人間的な役割に注意を向けさせることによって。たとえば占領軍兵士が被占領地の少年少女とかわす他愛のない会話のなかで、故国に残した妻子のことを思い出し戦争のむなしさを自覚させられるような出来事は、ごくありふれた情景である。この場合、子供たちは、直接に敵兵士の人間的感情に訴えることによって、知らず知らずのうちに市民的抵抗の一環として重要な役割を果たしているわけである。

いずれにせよ、占領軍要員にたいして一定の視点からする《接触》は、彼らとわれわれとのあいだにある社会的・心理的距離を減少させる。ひいては彼らに占領軍当局のあたえた被占領社会ないし民衆に関する誤った不完全な情報を訂正する機会ともなるであろう。この戦略の目指すのは、けっして占領軍要員の全面的な《回心》ではない。むしろ、有効な交歓その他の接触手段を通して、敵兵士としての彼らの基本的な忠誠心を放棄させることにある。それは、彼らの内心に一定の忠誠相剋の感情をひき起こすだけでも十分である。軍隊の士気は衰え、いわば中立化し、ひいては軍自身の側から占領の目的にたいして疑惑が提出されはじめるかもしれない。

一九六八年八月には、《人間の顔をした社会主義》を求めるチェコスロヴァキアの実験を弾圧するために、ソ連の戦車をはじめとして東欧五カ国軍が展開してきた。そのとき、プラハの街頭で市民や若者たちと侵入してきた戦車兵とのあいだに最初の《対話》が交わされたのであった。占領軍指揮官は、その軍隊に武器を手にすることなく丸腰のままで議論をふきかけてくる市民に向かってブルータルな弾圧を行なわせることはできなかった（加藤周一）。

このように確信に充ちた対話によって占領軍の兵士や要員にたいして《説得》する機会は、

いずれの市民も、非暴力行動に参加する勇気を欠如しないかぎり持ちうるだろう。こうした出会いの可能性は、被占領の民衆にとって、原理的には、その死の日にいたるまで、いつでもあるはずである。とくに占領軍のイデオロギーを真剣に受けとめ、そのイデオロギーの《建前》と侵略行動の《現実》との矛盾を立証することは、きわめて効果的であろう。

侵略者である占領軍が集会の自由を制限し検閲を実施しようとするなら、自由な言論のために街頭デモによって訴えねばならない。自由な発言を電波に乗せ、ＳＮＳ（ライン、フェイスブック、ツイッターなど）で発信し、広範な人びとに訴えることは、言論の自由のための主要な闘争手段である、これらの《武器》は、この目的にとって自動小銃や火焔ビンにはるかに優って有効である。じっさい、情報技術の開発は、こうして民衆的基盤に立つ抵抗の重要な前提を形づくっているのである。

こうして思想・言論の自由を守るためには、軍事的戦闘のための戦略地点を確保することは重要ではない。むしろ、自由な言論表現の媒体となるルートや手段の確保、それらの最大の強さと弱点とを点検し発見することが不可欠であろう。

《社会的価値》の同一性を守る

占領下に入った場合にも、《市民的防衛》にとって、市民一人びとりの既存の社会的役割は、これまでと変わることなく演じつづけられねばならない。ここで決定的なのは、これまで妥当してきた《社会的価値》を日常的な行動規範として守り通すということである。

この闘いにおいて注目されるのは、守られるべき社会的価値が、同時に、それを用いて闘うところの手段ともなることである。したがって、それらの価値は、現実の闘争を始めるまえにも、また闘争のあいだでも、育成され、動員され、発展させつづけられなければならない。

たとえば公務員、従業員、労働者たちは、その職場にとどまり、いままで妥当していた憲法や法令を忠実に守り、侵略者の命令に従うことを拒否するということである。デモクラティックな責任にもとづいて、自己の同胞のために義務を果たし、また自己のイニシアチブを発揮するのである。二〇世紀における高度の工業社会における技術的な専門化と官僚制の構造は、特定の部門のポストを単純に廃止したり恣意的に代替させたりすることを困難にしている。こうした前提の下では、《非協力》による市民的抵抗の可能性が、さまざまの形で開かれているはずであろう。

基本的にいって、《市民的防衛》は、けっして国民全体のハンストを意味するものではない。むしろ、アブノーマルな条件のもとにおいて正常な日常性を高揚することであるといってもよい。したがってまた、既存の構造を維持するだけでなく、占領に対抗する新しい社会的な役割や機能をいっそうダイナミックに発展させることが必要であろう。

たとえば、地下新聞や送信局を利用する自己の側での情報や指令の伝達から、組織的に状況に適合した教育制度の保持、ローカルなプロジェクトのためにさまざまの形態で行なわれる《逆スト》など。さらには占領という特殊な条件下で独自の裁判機能を維持したり、とくに危険にさらされている集団やその関係者（たとえば政治囚の家族）を支援する組織づくりなど、市民的団結を強めるために行動することである。

こうした戦いの裏面にともなうのは、たとえば占領法令の限定された侵害であり、じっさいまた、それを自覚的に無視することであろう。一般に《市民的不服従》と呼ばれるこの方法は、不正な法令を改廃させるように支配権力にしむける目的をもって、それに公然と違反する闘争である。ボイコット行動は、たとえば見せかけの選挙や人心収攬のための占領軍の催し（パンとサーカス）、さらに民衆を分断して侵略軍の《協力者》に仕立てるための思想教化の試みを拒否することなどを含む。

このとき、社会のサブシステムにたいして、直接的に侵略者の暴力的介入が行なわれ、役割当事者の首のすげ替えがなされるかもしれない。しかし、これにたいしては、占領軍の代表者を《上司》としての役割において無視しつづけ、たとえ彼らが物理的にはそこにいても、事実上、社会生活システムから閉め出すようにしなければならない。

具体的にいえば、いずれの政治家も官僚も経営者も労働者も、占領軍によって物理的に拘束されるまでは、自己の合法的職務に踏みとどまること、各層幹部が排除されれば、その正当な代理者がその役割を占めること、そうした交替者を見いだしえないときには、その部下や卒伍の者が自己の責任において行動することを意味する。

こうした社会的サブシステムの自律性は、その内部においてメンバーすべてが広範に意志形成に参与する《参加デモクラシー》の原理に支えられるとき、もっともよく保障されるはずであろう。そうした民衆の自発的な行動が可能とされるためには、侵略・占領が行なわれる以前に、国内体制において、中央への権力集中をできる限りおさえ、また社会生活の全分野を通ずる民主化がなされていなければならないということである（第3節参照）。

このような場合、占領軍は、労働を管理し不服従を一掃するために、それぞれの現場で、個々の市民と将兵が互いに面と向かって対峙するような状況を想定しなければならないかもしれない。それは、一つの誇張した設定だとしても、国民的規模において非暴力抵抗が行なわれた場合、占領軍が直面せざるをえない重大な《量的》問題の所在を暗示している。

じっさい、占領権力は、脅しに屈服しない抵抗者を社会的ポストから追放してみても、それらの人びとに代わる有能な占領《協力者》を補充する努力をくりかえすことになるだろう。そのための供給が十分にえられなければ、占領地域の運営のために、自国の行政機構や産業部門から専門家を徴用せざるをえなくなるだろう。しかも、自国においても、未熟練労働力でなく有能なスペシャリストが不足がちのような場合、占領政策は、きわめて高価なものにつくであろう。とくに広大な占領地域の管理のために巨大な員数を必要とするような場合、侵略と占領は、全体として経済的には割に合わないことになりかねない。

このようにして非暴力抵抗は、国民生活のあらゆる重要な分野において、とくに占領軍の挑戦がもっとも大きい地点において、その指令にたいする服従拒否と非協力とを行なうのである。正当性の問題をめぐって行なわれるこうした抵抗は、そこで何が闘われ、何にたいして反対しているかということが、侵略者にたいしても、一般民衆にたいしても、さらには中立諸国にたいしても伝わるのを助けるであろう。

抵抗のエートスと勝利の希望

むろん、侵略者は、そうした市民的抵抗を粉砕するために物理的強制力に訴えようとするであろう。非暴力の方法を使用することが一〇〇パーセント安全であり、また流血を避けうるという保障はない。インドの対英独立のための非暴力闘争も、その全期間を通じて、八〇〇〇人のインド人が殺害ないし傷害されたことが報告されている（R・グレグ）。しかし、この抑圧に立ち向かう断乎たる決意こそ、《市民的防衛》政策の中心的な柱をなすものである。

武器なき市民の戦いも、軍事的抵抗に劣らない勇気や犠牲を必要としていることは言うまでもない。しかし、武器をもった兵士が傷つき倒れ、あるいは捕虜になれば、それは単純に軍事力の低下として評価される。これに反して、市民的抵抗においては、犠牲は、しばしば、第三者にたいし、さらには《敵》側にたいしても強力に作用しつづけるのである。非暴力行動は、論議し挑発することによって圧力を行使するのみでなく、共感と同情をも引き起こす。「理性は受難によって強められねばならない。そして受難は理解することへ眼を開く」(ガンディ)。必要のない犠牲や無意味な殉教は避けなければならない。しかし、長期的にみれば、抑圧に毅然と耐え抜くことが軍事的抵抗に比較して苦難と流血とをいっそう少なくする状況もありうるのである。

さらにまた《小抵抗《マイクロレジスタンス》》の方法も考えられる。これは、「大きな組織や機関の摘発と絶滅によって少なくとも直接的には影響されないような方法で、個人および小さな臨時に結成されたグループの行なう抵抗」(A・ナエス)である。たとえば、小さな国章や抵抗マークなどを身につけることは、自由な言論の代替物として、みずからの原理への忠誠と抵抗意志を表示するシンボルとなる。それは、抵抗闘争を《引き延ばす》上で必要な高い道徳意識と連帯感を強め、民衆的一体性を維持することに役立つであろう。

非暴力抵抗は、日常的な社会防衛の手段であるだけではなく、なかんずく占領から生まれる《軋轢》を劇的に訴える表現手段でもある。非暴力による民衆の《活劇的》抵抗は、侵略の暴力的性格を暴露し、占領の《既成事実》を拒絶することに貢献する。しかし、抵抗者が暴力を用いるなら、たとえ最小限のものであっても、それにたいして占領軍が加える過剰な暴力的弾圧すらも、周辺から見守る多数の人びとの眼には、やむを得ない《必要悪》のように映るかもしれない。そのときには、侵略者の過酷な支配が民衆のあいだに引き起こすはずの抵抗者にたいする共感と支持とを急激に冷却させる。ひいては、抵抗運動に参加する者の数を必然的に減少させるであろう。

こうした闘争において全面的な勝利をえることができないとしても、それは、けっして全面的な敗北を意味しているわけではない。すなわち、社会集団や制度の独立や自由がなお何らかの形態と程度において維持されるかぎり、《市民的防衛》をつづけることは絶望的ではない。最悪の事態として到来するのは、苛酷な占領支配下での長い困難な苦悩にみちた日々であろう。しかし、そこでもなお生活はつづけられうるのであり、それとともに将来の自由と解放への希望も消え失せはしないのである。

市民的抵抗にとっては、侵略者は、基本的に、けっして一枚岩的に団結した《敵》なのではない。むしろ、矛盾と軋轢をもったシステムとしてとらえられる。その侵略行動そのものが彼らの内的危機の所在を暗に示していると言うこともできよう。したがって、侵略者の権力は、非暴力の市民抵抗によって、直接的には、その支持基盤の正当性や道義性を脅かされるだけではない。その結果として、占領軍自身の国内の反対勢力が増大して孤立させられ、さらに弱体化する危険をも予測しなければならなくなるだろう。

市民的抵抗の《勝利》とは、まさに侵略のコストがあまりに高くつき、侵略者がその企図を断念して、ふたたび自国に撤退していくことにある。この撤退は、侵略者の陣営内部における政治的路線の転換から、あるいはまた、侵略政策の続行にともなうコストの高さの再評価から生ずるかもしれない。こうしたいわば《間接的》な意味において、市民的抵抗は、まさに《反攻的》な戦闘力をも発揮しうるのである。「他国の内政にたいする干渉のコストは、軍事力の点でも、財政手段の点でも、また危険性の点でも、たえず増大しつつある」（K・W・ドイッチュ）。

3　市民的抵抗とデモクラシー

《市民的抵抗》のための国づくり

《市民的防衛》政策をとる場合、すでに平和時において、長期的にみた非暴力抵抗のための国民的エネルギーを強化する内政的措置が推し進められていなければならない。しかし、この「非暴力抵抗を国民的義務とすることは、ひじょうに困難な課題である」（リデル・ハート）。

なぜなら、ここで成功しうる十分な可能性をもつためには、軍隊にまさる高度の集団的規律と不屈の精神を必要としているのみでなく、また国民全体によってそうしたレベルに達することが要請されるからである。しかも、非暴力抵抗は、確実に成功するためには、今日、ゲリラ戦争の理論が示すように、武力を用いる抵抗運動が依存しているより以上に広範な民衆的支持が必要なのである。それゆえ、たとえ一枚岩的統一ではないまでも、社会的な連帯と帰属とを保障しうる長期的な体制づくりが不可欠である。

一般的にいえば、《国を守る》ことが一握りの特権的少数者の経済的利益や支配体制を維持することにすぎないとすれば、原則として、国民の生命・財産を賭した犠牲を要求することは不可能である。そのためには、何よりもまず、自国が真に守るに価することを自覚させるため、常日頃から政治過程への民衆の参加を促し、また社会的矛盾を克服する大胆な政策が実行されていなければならないであろう。

それは、端的にいえば、社会的資産の適正な再分配によって、さまざまの政治的対立や経済的格差をすでに事前に萌芽の段階から廃棄ないし縮小しておくことである。たとえば、アパルトヘイト政策によって人種差別の犠牲を強いられている人びとや、経済的な不平等に悩み政治的圧迫を受けている人びとは、《解放者》として振舞う侵略者にたいして、みずからの《国を守る》愛国心や気概を到底もちえないであろう。

これまで、社会変革の思想や運動は、しばしば、《祖国》に敵する不忠誠ないし《反逆》視されることが多かった。しかし、みずからの所属する社会を根底から革新しようとする意志は、防衛への決意と同じく、その社会にたいする連帯感の強さのしるしにほかならない。忠誠と愛国の決意の対極にあるのは、社会批判ではなく、むしろ無関心というべきだろう。

このことは、社会的同質性のみが抵抗の唯一の保障ないし条件であることを意味しない。これらの障害は、共通の敵にたいする闘いという目的を分ち合うことによって、少なからず克服されることもありうるのだから。それは、とくに短期的な統一と連帯とについては、しばしば認められる事実である。フランスの対独レジスタンスは、階級的・政治的・組織的な差異をかかえていたにもかかわらず、抵抗者のあいだでは、過去のいっさいの差別は消え、「司教も自由思想家も、王党派的俗物も共産党員の鉄道夫も同じボートに乗り合わせていた」(A・ワース)。そこでは、何らの社会的障害もなく、単一の目標に結束して、連帯と平等とにたいする極度の民主的感覚が生きていたと言われている。

むろん、長期的な統一と連帯のためには、いっそう強力な社会的ないし国民的目標が必要である。しばしば、ナショナリズムが、そうした情緒的紐帯を提供するものとみられてきた。しかし、本来的には、市民的権利意識に裏打ちされた高い政治的自覚なしには、長期にわたる抵抗力とはなりえないだろう。

たとえば、ナチ占領下のユダヤ人政策にたいして、デンマークでは公然たる抵抗がなされたのに反して、イタリアでは隠微な形の抵抗しか行なわれなかった。「デンマークにおいては、真の政治的感覚、つまり、独立の市民としての資格と責任について生まれながらもつ感覚から生じたところのことが、イタリアにおいては、古い文明国民にとってほとんど自明な普遍的人道性からの産物だったのである」（H・アーレント）。

したがって、国民的抵抗のための最善の政治的経験を提供するものは、おそらく政治行動の自由の伝統であろう。ノルウェーやデンマークの第二次大戦の体験は、リベラル・デモクラシーが、かなりの程度、政治意識の高い統一的な抵抗運動を培いうることを立証している。一般的にいえば、政治的自由を支える社会的条件としては、多元的な自発的結社の存在、個人の人間らしい生活を保障する経済的・社会的分権ないし市民的参加による政治的統制などがあげられる。

したがって、《市民的防衛》を成り立たせる根本的な前提条件は、日頃から《社会的デモクラシー》の体制をつくっておくことだと断言してもよいだろう。政治過程にたいして監視と参加とを怠らない《成人した市民》こそ、そのもっとも有用な責任主体といわなければならない（C・ラウー）。

端的にいえば、こうした社会的生活様式こそ、まさに守るに価する本来の防衛目標にほかならないのである。そこから生まれた真のデモクラシーの精神は、侵略と占領とによってデモクラティックな社会機構がたとえ秩序正しく機能することを阻まれる場合にも、市民的抵抗を支える《愛国心》のエネルギー源となるであろう。

その意味では、不法な侵略や権力奪取が行なわれる瞬間こそは、それまで自分たちの社会にデモクラシーが真に実質的に存在してきたか否かが白日のもとに明らかになる最終的な判定の時点なのだと理解することもできるだろう。すなわち、それまでの議会制デモクラシーがたんに形式的な多数決の手続きにとどまり、少数のエスタブリッシュメントのための膨大な利益を隠蔽するシステムにすぎなかったのか、それとも、議会外に溢れる批判的な市民的抗議の声とも結びついて機能する真実な《合意の支配》を代表するものであったのか否かが明らかになる。《市民的防衛》は、その社会体制の構造全体とすべてのサブシステムを通ずる、まさに非常事態における《日毎の人民投票》(plébiscite de tous les jours) を意味するものであろう。

《市民的防衛》と平和外交

原則的にいえば、市民的抵抗をとることについて、あらかじめ自国の基本的立場を世界の諸国に知っておいてもらうことは、かなりの程度まで積極的な効果をもちうるであろう。

その場合、みずから《市民的防衛》の政策をとる国家として、その平和主義の意図について、すなわち、みずからの側からは国家の名において対外的に《殺し・殺されることがない》国家であることを広く海外に伝え、国際的に認知されていることが重要である。そうした世界世論の存在は、密かに侵略的意図をもつ国家にたいしても強力な外交的・心理的な圧力をあたえ、実行に移すことを躊躇させるであろうから。

しかし、こうした平和外交の政治的イニシアチブは、非武装の原理を徹底して、グローバルな軍拡競争の論理から脱却していてこそ可能であろう。そのほか、《市民的防衛》力にとって何ら資するところがなく、しかも他の諸国からみれば確実に脅威と受けとられるような設備ないし措置（原発による大量のプルトニウムの蓄積！）を除去ないし中止しておくことも、平時における《市民的防衛》政策の重要な一環をなしている。そうしてはじめて、中立諸国や紛争当事国にたいして、その非武装に立つ平和外交の信憑性と説得性とを十全に発揮することができるだろう。

これをさらに一般化して考えれば、市民的抵抗の《開放性》原理に対応する平和外交を進める国づくりが問題となる。たとえば、学問・文化の交流から、貿易、公式・非公式の各種の会合や訪問など《建設的》な接触の拡大（ＪＩＣＡの活動！）。逆に、何らかの搾取ないし侵略の性質を帯びた《破壊的》な接触の縮小ないし中止が求められる。平等と公正の原理に立つ建設的な接触は、他の国々の民衆の生き方や考え方、政治の仕方にたいする理解を深め、国境を越えて人間としての連帯性に立つことを強めるであろう。

積極的な平和外交を推し進めるため、創意に満ちた努力がなされねばならない。たとえば、従来のようなヒモ付ODA（政府開発援助）や差別的な貿易条件を撤廃し、発展途上国の経済的・文化的自立化のための《選択的》開発の道に協力すること、第三世界の独裁的支配者や反動的勢力を助けるのをやめ、社会的解放をめざす民衆の運動を支援すること、あるいは、そもそも武器輸出を中止すること、そのための軍事技術の開発・研究を禁止することなど。

こうして非武装の原理に徹し、あくまでも平和外交の努力を倦むことなく積み重ねていかなければならない。その場合、平和外交ないし国際協力の前提をつくり出す開放性と自由化のためには、さまざまの具体的措置が考えられるだろう。双方の国民が個人として、あるいは集団として《接触》の機会を増加することが和解と理解とを促進することは、しばしば指摘されてきた。人間は、個人的出会いにおいて、あきらかに憎悪よりも親愛を学びとるものと考えられるからである。たとえば諸国民相互の集団的・個人的な観光旅行なども《閉じられた社会》を開く希望に応えるものとして歓迎されるだろう。

もっとも、ツーリズムに関する実証的研究は、《接触》ないし交流の増大だけでは解決しがたい二義性があることを明らかにしている。それは、たしかに一定の条件のもとでは認識視野の拡大と実際上の寛容とをもたらすとはいえ、他方では、古い偏見を強め、また新しいステレオタイプを生み出してもいるからである（ソラ・プール）。

このジレンマから脱却する一般的な処方箋は何ら存在しない。しかし、こうした交流が多くの人びとによって担われ、いわば自明の事柄として感じとられるほど日常化しうることが望まれるであろう。すなわち、外交官はじめ、交換学生、商社員、旅行者としての在外体験が国民的規模において蓄積され、こうした国際的経験が《人類的社会化》の方向にプラスに働くことに期待をつなぐほかない。しかし、その場合にも重要なのは、《大状況》における外交政策が時代錯誤的な軍事的緊張の要因をはらみ、こうした長期にわたる建設的な《小状況》の地道な積上げ作業を容易に破壊し去ることのないように配慮することであろう。

4　《草の根》からの市民運動

ここでは、最後に、非暴力抵抗を有効な防衛政策として国民的に啓蒙し、確信をもたせるための具体的な方法の問題について考えてみよう。《市民的防衛》の政策を現実化する上で、原則的には二つの途を想定することができる。一つは、政府の公的措置としてたとえば《市民的防衛》省を設置するというような、いわば《上から》の途である。いま一つは、いわば《下から》の途であり、市民の政治的参加と、なかんずく非暴力的行動による内政改革につとめる方法である（W・シュテルンシュタイン）。

たしかに、非武装平和の原理を政府が基本的国策として採用し、非暴力抵抗を具体化するために必要な国内的諸条件を整備することは当然である。しかし、問題は、現在の差別的な支配関係や権力構造を根底的に変えることなしに非武装防衛の構想を現実化しうるか否かである。《市民的防衛》の民衆教育が反動的な政権の手によって着手される場合、それは、必然的に心理的戦争ないしイデオロギー的精神武装に変質する恐れがあるからである。

たとえば民主的プロパガンダと官憲的指導とを組み合わせる《混合》政策によって、いわば《市民的ゲッベルス》（W・D・ナル）のもとに、一種の《隣保監督》制（自警団！）が敷かれ、《国民総参加》の名のもとに戦時中にみられたような国民精神総動員が計られる可能性が出てくるかもしれない。じっさい、《市民的防衛》は、容易に《民間防衛》（郷土防衛隊や自主防衛論！）計画に改鋳される。

こうして、近来、《市民的防衛》は、最後の具体的実践の段階のみならず、最初の世論形成の段階においても、いわば《草の根》（T・エーベルト）から学習されなければならないことが認識されてきた。非暴力抵抗の精神は、《仮想敵》にたいする官庁的に組織化された《調練》によって形成されるものではけっしてない。むしろ、デモクラシーの憲法体制を脅かす現実の政策決定や政治過程にたいして自発的な市民から提起される批判的意見の表明や抗議行動からのみ生み出されるであろう。デモクラシーを守り、さらに、それをいっそう実質的に民主化するための日常的な闘いにまさる市民抵抗の《修練》はありえないのである。

たとえば二〇一五年の安倍政権による強引な安保立法の企てにたいして、それを平和憲法ないし立憲主義違反として抗議する広範な市民運動が展開された。そこでは、誰でも「普通の人」が一人でも参加することが当たり前の行為として自覚されていた。国会内の《真に野党らしい野党》と市民行動との共闘による非暴力の「総がかり行動」は、たとえばごく最近の韓国（！）における民衆運動にも影響をあたえ、民主主義を求める東アジアの人びととの連帯にもつながったことは大きな成果といってよいであろう。

その他、近来、《市民的防衛》の研究者のあいだでは、発想の準拠枠そのものを再検討して、いわば《下からの》エコロジー運動さらには原発反対運動などとの結びつきを強めようという声も少なくない。こうした環境破壊＝生態学的破局から《防衛》する運動は、社会全体の民主化を推し進める運動とともに、産業＝技術文明とその政治的・経済的構造にたいして、共通する《別の政策選択》を迫るものである。

市民的抵抗を実効あるものとするには、日常的な非暴力の修練とともに、人間らしく生きることの意味をめぐる意識変革が不可欠なのである。武力に頼ることなしに《国を守る》決意と能力とは、市民的連帯性の経験を踏まえ、戦争のない世界、いな、いっさいの生命あるものが平和に生きうるグローバルな世界＝宇宙への想像力に養われることによって、はじめて生まれてくるのではなかろうか。

このことは、《市民的防衛》への転換には、完璧な社会的デモクラシーが実現されていなければならないという意味ではない。それは、核軍縮が完全に達成される日まで平和の到来を望みえないわけではないのと同様である。しかし、《核の傘》から離脱し、いっさいの軍事同盟から独立して、非武装の原理に徹することは、世界連邦の成立や一般的軍縮協定の実現をまつまでもなく、《一方的軍縮》として可能な新しい《市民的防衛》構想に通じている。

こうした政策転換は、何よりもまず、反動的な極右路線による再ファシズム化＝軍国主義復活という周辺諸国からの猜疑と警戒とを解くことに貢献するであろう。そのことは、さらに紛争地域における諸問題を具体的に国際法にもとづいて解決するための平和的交渉の前提を生み出すであろう。それだけにはとどまらない。いっそう根本的にいえば、今なお現代世界に支配的な《抑止》の論理――すなわち、互いに軍事的《威嚇》を誇大表示し合うことによって《安全保障》を確保するという非生産的な論理――を原理的に変革し突破するものである。

そこに生まれる国際政治における道義的リーダーシップこそ、非武装防衛が不断に要求する国民の道義的高さを担保する精神的基盤となるであろう。

参考文献

宮田光雄『非武装国民抵抗の思想』岩波新書、一九七一年（現在、版元品切）
同『平和思想史研究』（宮田光雄思想史論集1）創文社、二〇〇六年
メル・ダンカン、君島東彦『ピース・キーパー――NGO非暴力平和隊の挑戦』非暴力平和隊日本、二〇一六年
高田　健『二〇一五年安保・総がかり行動』梨の木舎、二〇一七年

あとがき

私たちは、大状況でも小状況でも、すなわち、国際政治の世界でも国内政治の舞台でも、まことに不確実さを覚えざるをえない時代を迎えています。《ポスト真実》ということが平気で口にされ、公共の場で《大いなる嘘》が権威ある発言であるかのようにまかり通っていくかに感じられています。本書の最後に、「われわれは今どこに立っているのか」を確認して「あとがき」に代えることにしましょう。

1

第二次世界大戦がようやく終わりを告げてまもなく、東西対立の冷戦が——朝鮮戦争やベトナム戦争といった代理戦争をともないながら——半世紀もつづけられました。一九八〇年代末に冷戦が終結したとき、いよいよ平和な世界が到来するかと期待されたにもかかわらず、裏切られました。分極化していた東西世界のそれぞれの内部で、今まで押さえつけられてきた各地におけるナショナリズムの紛争が噴出したのです。それは、東西対立の下に隠されていた南北問題の所在――先進諸国の植民地主義的支配による不平等な経済関係から生まれるさまざまの社会問題、貧困や飢餓などの厳しい現実――を露呈するものでした。

とくにイスラム圏世界では、そうした政治的・経済的誘因から生まれる社会的な不満や紛争が、宗教的イデオロギーによって、いっそう激烈な形で動員されることになりました。そこでくり返される《殉教死》を正当視する宗教的テロリズムの本当の原因は、新自由主義の名の下に進められてきた多国籍企業や国際的な金融資本の支配にこそ由来するものです。そこには、経済的搾取と疎外によって、草の根の多くの民衆を苦しめる貧困が世界的に拡がっているからです。紛争現場に焦点をあてた無人機による《ピンポイント爆撃》などで解決するはずもありません。むしろ、一般市民を誤爆に巻き込み、反感と憎しみとをいっそう増大させ、紛争をますます長引かせてきただけなのです。

いまでは《差別と格差》の波は、北側世界の先進国自身にも押し寄せ、かつてリベラル・デモクラシーの代表格だった国々の中にも怪しげなポピュリズムを生み出しています。トランプ政権に屈従・同調しようとしている日本の安倍政権の様相も同じ文脈でとらえられるものです。

これまでドイツと日本の戦後処理の違いについて、よく指摘されてきました。ヨーロッパ統合の中に生きる道を見いだした戦後ドイツは、ナチ支配の過去を清算することに努め、それによって与えられた信頼のゆえに、東西ドイツの統合も、周辺の諸国民から許容され、可能とされたのです。これにたいして、東アジアに残された東西対立の片側の陣営に取り込まれた日本は、かつて侵略した国々にたいして、過去の清算と真の和解とを果たすことができませんでした。その際、戦前以来の保守的な支配層が《戦後》デモクラシーの装いの下に、そのまま温存されつづけてきたのです。

それは、戦時中の日本軍国主義が――《下からの》反革命だったナチ体制とは異なり――明治以来の伝来的な天皇制支配と重なりあった《上からの》全体主義だったこととつながっていました。しかし、それだけではなく、冷戦下においてアメリカの対日占領政策が大きく転換したことにもよるものです。すなわち、日本を非武装にとどめることを止めて、軍事的貢献の拡大をもとめる日米安保体制下に日本列島の軍事基地化が推し進められて今日にいたったのです。

とくに《戦後レジームからの脱却》をスローガンとする現在の第二次安倍政権の成立とともに、憲法《改正》への志向が顕在化してきました。戦前に戻すかのような国家機密を強化する政策、武力を誇示する国家安保戦略、首相参拝による靖国《公式参拝》への地ならし。いずれも究極的には第九条に狙いを定めた憲法改正を先取りする内容です。

安倍首相は、二〇一五年の安保立法の際には、「憲法解釈の最高責任者は首相の私だ」と言い放ち、多くの識者を唖然とさせました。その後も、国会審議の際の答弁で、「立法府の長だ」

という誤った言葉をくり返しています。最近では、教材使用のために「教育勅語」も否定しないという答弁書を閣議決定したと報じられています。

「教育勅語」は、戦争直後に衆参両院の国会決議によって実質的に失効・廃止されたものです。首相は、たしかに「行政府の長」でしょうが、閣議決定の際に他の閣僚から何らの留保も異論も出てこないようなら、およそ閣議の意味をなさないと言われても仕方ないでしょう。そんなことでは、ナチ・ドイツのヒトラーまがいの――ただし、ヒトラーが民衆のあいだに当初もちえた疑似カリスマ的威力を別として――立憲主義も権力分立原理も理解しえない独裁的な人物というイメージを呼び起こすものでしょう。

とくに安倍政権は、憲法第九条を自国の平和だけを考える「消極的平和主義」と誹謗して、「フルスペックの集団的自衛権行使」によって戦争のできる「普通の国」にしようと急いでいます。そしてこの政策を「積極的平和主義」と公言してはばかりません。しかし、これは、正常な日本語を破壊するものではないでしょうか。それは、ジョージ・オーウェルの有名なSF小説『一九八四年』に出てくる「二重思考」や「新語法」を思い出させる言い方です。つまり、論理に反する非論理を叩き込む全体主義的な洗脳のやり方なのです。

じっさい、この小説の中で最後に出てくる「思考警察」というアイデアは、戦時下日本の治安維持法からヒントをえて書かれたものだ、と指摘する海外の研究もあります。安倍政権による「テロ支援準備罪」を口実にした「共謀罪」制定の動きは、まさに治安維持体制の構築以外ではありません。オーウェルのこの小説が、最近、アメリカや日本の書店の棚に、よく売れる新刊書として平積みされていると報じられているのも注目されるところでしょう。

周知のように、「積極的平和」というのは、北欧の平和研究者ヨーハン・ガルトゥングによる批判的な平和研究の基礎概念として提出され、国際政治の研究者のあいだで定着してきたものです。それは、人間の解放と自由を実現すること、平等や社会的正義を貫徹することを規準にしています。すべての人が階級の所属や皮膚の色、宗教や性の相違などをこえて、ひとしく人間らしく生きる希望と能力とを育成されるような社会こそ、真に平和な状態であると規定されているのです。

それは、政治的な抑圧や経済的な搾取など《構造的暴力》を打破することによって、格差と差別の世界的な拡大を抑制し、批判する考え方です。一年ほど前、来日したガルトゥング教授が安倍首相の剽窃して使っている「積極的平和主義」概念を厳しく批判したのは当然でしょう。

2

このような観点から日本国憲法を、もういちど、ふり返ってみると、その平和主義の原理は、まことに新しい意義をもっていることがわかります。

憲法前文には、「われらは、全世界の国民が、ひとしく恐怖と欠乏から免かれ、平和のうちに生存する権利を有することを確認する」とあります。近代デモクラシーの追求する基本的人権は「自由に生きる権利」から「豊かに生きる権利」へと拡大してきた、とよくいわれます。日本国憲法は、「恐怖から免かれ」という言葉で一九世紀までの自由権を、「欠乏から免かれ」という言葉で二〇世紀の社会権を意味させています。しかし、それら二つの権利をあわせて、さらに「平和に生きる権利」を、いわば二一世紀に向けた全人類的な生存権として確認していると言うこともできます。

ここでは、平和は、つぎのように定義されているのです。すなわち、人間の生命を最大限に保持し、発展させることを目ざして、人間らしく生きるという基本的人権の内容を実現していく過程のことである、と。あきらかに日本国憲法は、自由と解放、平等と公正をふくめたガルトゥングの「積極的平和」概念と内容的に対応しています。

そればかりではなく、憲法前文の精神は、平和を積極的につくり出していくという主体的な姿勢に支えられていることも見逃してはならないでしょう。前文には、こう記されています。

「われらは、いずれの国家も、自国のことのみに専念して他国を無視してはならないのであって、政治道徳の法則は、普遍的なものであり、この法則に従うことは、自国の主権を維持し、他国と対等関係に立とうとする各国の責務であると信ずる」と。

これは、今日の南北関係を見すえた積極的平和の宣言としても通用するものです。日本国憲法がまことに現代的な、そして世界的な意義をもつ憲法であることに自信と誇りを覚えないわけにはいきません。

私たち日本国民は、これまで憲法第九条があったからこそ、国家の名による人殺しをしないで生きてきたし、そのことによって国際的にも認知されてきました。じっさい、日本の憲法第九条は中東のイスラム諸国の民衆の間でも知られており、日本の軍隊が他の国と違って武器をもたない集団だと思われているということも報じられています。たとえば「非暴力平和隊」というNGO団体は、現在、シリアでの暴力克服のため、現地のNGOとの「同盟・共闘」を模索しつつ活動しているという。「テロリズムを克服するのは軍隊ではなくて非暴力平和隊のようなNGO活動ではないだろうか」（メル・ダンカン他『ピース・キーパー――NGO非暴力平和隊の挑戦』二〇一六年）。

武力によらないで紛争を解決しようとする日本の憲法第九条の規定こそ、世界的に注目されています。オランダのハーグで開催された世界平和市民会議（一九九九年）は、「公正な世界秩序のための基本十原則」の第一項として、「各国議会は、日本の憲法第九条のように、自国政府が戦争をすることを禁止する決議をすること」を採択しています。こうして日本国民が戦後七〇年にわたって築き上げてきた平和憲法の遺産をやすやすと破壊されるがままに見過ごすことは許されません。

人類全体が互いに依存しあって生きている現代の国際社会では、私たちは、もはや自分の国にたいして無批判なままに暮らすことは許されません。政治や社会の問題にたいして自分自身の意見をもつこと、自分の中に思想・良心の核となる信仰や普遍的な原理をもち、それにもとづいて時の政権の政策に、はっきり賛否をあらわす行動に出る責任があります。ふつうの市民による非暴力の抗議行動の重要性が改めて問われています。

3

本書の各章は、いずれも早い時期に着想され、当初は、講演や連載エッセイとして発表されたものです。その後、単行本や論集に収録・再録する際には、それぞれ、かなり加筆してきました。今回、新しい構想の下に新著としてまとめるに当たって、さらに少しばかり補筆しました。初出の際の原題と掲載誌を示せば、以下の通りです。

第1章「山上の説教と現代」（日本聖書神学校・教職研修会講演）一九八五年九月。

第2章「兵役拒否のキリスト教精神史」（『現代キリスト教思想叢書・月報、第七－第一三号』白水社）一九七四－七五年。

第3章「Uchimura Kanzo und die Kriegsgegnerschaft in der Nicht-Kirche-Bewegung in Japan」（"Gemeinschaft und Politik" 1962 Heft 10/11）.

第4章「非武装市民抵抗の構想」（『福音と世界』二〇一六年八月号）。ただし、これは、「非武装国民抵抗の思想」（『展望』一九七一年六月号）および「国を守るとは何か」（『世界』一九七八年八月号）を下敷きにしてまとめ直した新稿です。

現代日本における平和憲法をめぐる危機的状況の中で、これらの旧作から新しい本を作るという企画を立てて最終的な刊行まで漕ぎつけることができたのは、もっぱら新教出版社社長の小林望氏の熱意と御尽力に負うものです。また、これらの旧稿をパソコン浄書稿に直す上で協力してくださった坪野あやさんの御好意にたいしても、ここに併せて感謝の意を表します。

七一年目の憲法公布記念日を前にして

二〇一七年四月　仙台にて

宮田光雄

宮田光雄（みやた・みつお）

1928年、高知県に生まれる。東京大学法学部卒業。東北大学名誉教授。長年、学生聖書研究会を主宰して伝道に献身し、自宅内に学寮を建てて信仰に基づく共同生活を指導してきた。主な著書は『西ドイツの精神構造』（学士院賞）、『政治と宗教倫理』『ナチ・ドイツの精神構造』『現代日本の民主主義』（吉野作造賞）、『非武装国民抵抗の思想』『キリスト教と笑い』、『ナチ・ドイツと言語』『聖書の信仰』全7巻、『ホロコースト以後を生きる』『国家と宗教』（以上、岩波書店）、『宮田光雄思想史論集』全8巻（創文社）、『十字架とハーケンクロイツ』『権威と服従』『《放蕩息子》の精神史』（新教出版社）ほか多数。

山上の説教から憲法九条へ
平和構築のキリスト教倫理

2017年5月3日　第1版第1刷発行

著　者……宮田光雄

発行者……小林　望
発行所……株式会社新教出版社
〒162-0814 東京都新宿区新小川町9-1
電話（代表）03 (3260) 6148
振替 00180-1-9991
印刷・製本……モリモト印刷株式会社

ISBN 978-4-400-40743-0 C1016

宮田光雄
十字架とハーケンクロイツ
反ナチ教会闘争の思想史的研究

ナチ宗教政策や戦後罪責論争など教会闘争を多様な側面から照らし出す5本の論文。40年にわたるナチズム研究の掉尾を飾る記念碑的労作。A5判　7600円

宮田光雄
権威と服従
近代日本におけるローマ書十三章

天皇制国家とキリスト教信仰との緊張、特に太平洋戦争下の協力と抵抗の諸相を聖書解釈史を通して描き出した、渾身の近代日本思想史論。四六判　2600円

W・ウィンク
志村真訳
イエスと非暴力
第三の道

「絶対平和主義」でも「正戦論」でもない仕方でイエスの道を現代にどう展開するのか。第三の道を徹底的に考察。9・11後の非暴力論。四六判　1600円

デ・グルーチー
松谷好明
松谷邦英訳
キリスト教と民主主義
現代政治神学入門

キリスト教と民主主義の曖昧で絡み合った関係を解きほぐし、民主主義の神学的ヴィジョンを歴史的・具体的な事象を通して検証する。四六判　3600円

J・モルトマン
福嶋揚訳
希望の倫理

テロ、戦争、貧困、環境破壊、生命操作など課題山積の21世紀をいかに生きるか。「変革的終末論」の倫理。著者の神学的総決算。四六判　4000円

表示は本体価格です。